안동 내앞마을

항일 독립운동의 성지

안동 내앞마을 항일 독립운동의 성지

초판 제1쇄 인쇄 2012. 12. 17
초판 제1쇄 발행 2012. 12. 21

지은이 김 희 곤
펴낸이 김 경 희

경   영   강 숙 자
영   업   문 영 준
관   리   문 암 식
경   리   김 양 헌

펴낸곳 (주)지식산업사
　　　　본사 ● 413 - 832, 경기도 파주시 교하읍 문발리 520 - 12
　　　　　　　전화 (031) 955 - 4226~7 팩스 (031)955 - 4228
　　　　서울사무소 ● 110 - 040, 서울시 종로구 통의동 35 - 18
　　　　　　　전화 (02)734 - 1978 팩스 (02)720 - 7900
　　　　한글문패   지식산업사
　　　　영문문패   www.jisik.co.kr
　　　　전자우편   jsp@jisik.co.kr
　　　　등록번호   1 - 363
　　　　등록날짜   1969. 5. 8.

책값은 뒤표지에 있습니다.

ⓒ 안동독립운동기념관, 2012
ISBN 978-89-423-1160-6 (04990)
ISBN 978-89-423-0056-3 (세트)

이 책을 읽고 저자에게 문의하고자 하는 이는
지식산업사 전자우편으로 연락바랍니다.

이 책 발간에는 국가보훈처의 지원이 있었습니다.

안동독립운동기념관 인물총서 8

안동 내앞마을
항일 독립운동의 성지

김희곤

지식산업사

책을 펴내며

안동독립운동기념관에서는 2012년의 기획전시 주제를 '내앞마을'로 잡았다. 그런데 언론에 소개하려고 안내문을 보냈더니, '내압마을'이라거나 '내암마을'로 이해하고 물어오는 기자가 많았다. 천전川前, 곧 내의 앞이란 말을 전혀 이해하지 못한 것이다. 하지만 반대로 우리나라에서 하회마을을 모르는 사람은 드물다. 세계문화유산이 되어 그 이름이 드높아서 그런 것이니, 그럴 만도 하다.

사실 들여다보면 두 마을은 비슷한 역사와 무게를 가지고 있다. 학봉 김성일과 서애 류성룡이란 인물로 대변되는 두 마을은 오랜 역사와 깊은 학문, 숱한 인물로 널리 알려졌다. 그런데도 아주 짧은 사이에 내앞마을은 거의 잊힌 마을이 되고 말았다. 왜 그렇게 되었을까?

지난 2007년 안동독립운동기념관이 이 마을에 들어서면서 방문객이 조금씩 늘어나기 시작했다. 차츰 이 마을에 대한 관심이 늘어나고 찾는 발걸음도 잦아졌다. 그렇게 들르는 탐방객들은 두 번 놀란다. 한 번은 아직도 옛 모습을 보여주는 뛰어난 고택 문화재에 놀라고, 또 한 번은 이것이 본래의 규모와 비교하면 볼품없이 줄어든 것이라는 이야기에서 놀란다. 사실 마을에 살고 있는 사람들 중에도 본래의 모습을 제대로 헤아리는 사람은 적었다. 안동독립운동기념관이 들어서면서, 독립운동과 이 마을 사람들의 상관성을 추적하는 과정에서 그러한 정황이 조금씩 뚜렷하게 드러나기 시작한 것이다.

내앞마을은 우리나라 독립운동사에서 두 가지 큰 특징을 가진다. 하나는 온 나라를 통틀어 전통성이 가장 강한 안동문화권에 혁신의 바람을 일으킨 발원지가 바로 이 마을이라는 사실이다. 이곳에서 1907년 문을 연 협동학교協東學校가 그 핵심이었다. 또 하나는 1910년 나라가 무너지자 그해 12

월부터 만주로 망명하여 서간도에 독립운동 기지를 세우는데 그 어느 곳보다 이 마을 출신들이 크게 기여하였다는 사실이다. 그렇게 만주로 옮겨 가서 독립운동에 몸 바친 인물이 150명 가량 된다. 구체적인 인물과 규모에 대한 추적 작업은 지금 추진하고 있다. 머지않아 그 결과를 학계에 보고할 생각이다.

이 마을은 독립운동계의 대표적인 인물을 여럿 배출하였다. 그 가운데서도 일송 김동삼은 우리나라 독립운동사에 대표적인 인물이다. 무엇보다 그는 독립운동계에서 '통합의 화신'으로 평가된다. 편 가르기가 난무하고 이기주의가 판치는 오늘날 이 나라의 어지러운 사회를 이겨내기 위해, 나라와 겨레를 위해 몸 바친 이 마을 사람들의 역사를 정리하여 알리려 한다.

이 책을 펴내는 데 도움을 주신 분들께 감사드린다. 우리기념관 한준호 학예사는 사진자료를 확보하고 교정하는 일에 힘을 썼다. 또 일정을 비롯해 여러 가지 어려움이 있지만 선뜻 일을 맡아 주신 지식산업사 김경희 사장님과 편집담당자 임유진님께 감사의 인사를 드린다.

대한민국 94년(2012) 12월
내앞마을에서

김 희 곤

차 례

책을 펴내며   4

1
찬바람만 드나드는 전통명문마을   10

2
의병항쟁에 나서다   17

3
안동문화권의 혁명 발상지   25

4
150명 넘는 사람이 만주로 가다   50

5
만주에 개척한 1910년대 독립운동 기지   71

6
3·1독립선언과 민정부·군정부 설립   100

7
1920년대 만주지역 항일투쟁의 핵심이 되다   117

8
독립을 위해 이념의 장벽을 넘어선 통일운동   136

9
김동삼의 최후와 동북항일연군   160

10
북만주 이동과 고난, 그리고 취원창 개척   175

11
국내에 남은 사람들의 항일투쟁   198

12
독립운동의 성지 되살리기   220

참고문헌   225
찾아보기   226

1
찬바람만 드나드는 전통명문마을

지금 찾아가는 내앞마을은 역사의 도시 안동에서도 대표성을 지닌 곳이다. 하지만 이 마을을 아는 이는 그리 많지 않다. 대개 안동의 전통마을이라면 하회마을을 떠올린다. 유네스코에서 세계문화유산으로 지정한 마을이니 당연하다. 하지만 거기에 버금가는 역사성을 가진 내앞마을을 아는 이는 아주 드물다. 왜 그럴까? 잊혀져 버린 마을이 되고 만 탓이다. 왜 잊혀져 버렸을까? 그곳에 살던 사람들이 잘못을 저질러 망한 탓일까, 아니면 빚을 져서 엎어진 탓일까? 오로지 한 가지 이유는 나라 되찾으려고, 나라 되살리려고 나선 탓이다. 망한 나라를 되살리려고 나섰다가, 그 바람에 모든 것을 잃은 기가 막힌 이야기를 찾아 나선다.

내앞은 천전[川前: 내 천川, 앞 전前]의 순우리말이다. 이 마을이 있는 행정면 이름도 임하면臨河面이니, 이도 역시 하

개호송. 내앞마을 앞 허술한 수구水口를 메우기 위해 성종대에 김만근이 조성하고 선조대에 김용이 다시 만든 수구막이 숲

천을 끼고 있다는 뜻이다. 너른 하천을 끼고 있는 면 소재지와 넉넉한 물줄기를 앞에 둔 마을을 쉽게 그려낼 수 있다. 안동 시내에서 동쪽으로 15킬로미터 남짓 되는 곳에 터를 잡은 내앞마을, 이 앞을 흐르는 물은 임하면을 끼고 도는 반변천과 합쳐 서쪽으로 향하다가 안동시 중심부를 만날 즈음 낙동강 본류와 합친다. 다시 말해 안동 시내에서는 영덕 방향으로 반변천을 거슬러 오르다가 임하댐의 역조정지댐(보조댐)을 막 지나면 이 마을에 이르는 것이다.

이곳에는 건축문화재가 그득하게 들어앉아 있다. 지나는 이들은 안동에 숱하게 흩어져 있는 전통마을 가운데 하나라고 눈짐작만 하고 지나치기 일쑤다. 600년 역사를 이어온 곳이라는 사실을 헤아리는 사람도 드물거니와, 이곳이 안동문화권의 핵심부였다는 점에서는 더더욱 그러하다. 이 마을은 조선 중기에 의성김씨들이 터를 잡아 번성시켜온 곳이다. 처음 마을에 뿌리를 내린 입향조入鄕祖로 청계靑溪 김진金璡을 말하지만, 실제로는 그의 할아버지 김만근金萬謹이 이 마을에 들어왔고, 아버지 김예범金禮範을 거쳐 김진 시절에 의성김씨가 확고하게 뿌리를 내렸다. 그런데 김진이 입향조로 알려지고 종가가 그의 호를 따라 청계종택으로 불리는 이유는, 바로 그의 노력으로 의성김씨가 경제적 기반을 확고하게 만들어 집안이 번성하는 계기를 가져왔기 때문이다. 김진의 다섯 아들은 모두 퇴계를 스승으로 모시며 학문을 익혔고, 과거에도 급제하여 집안을 빛냈다. 맏아들 극일克一은 문과에 급제하여 성주목사와 밀양부사에 이어 사헌부 장령을 지냈다. 둘째 아들 수일守一은 향시에서 여러 차례 장원이 되었지만 벼슬길에 나서지 않다가, 만년에 임금의 부름을 뿌리칠 수 없어 상경했으나 병사하였다. 셋째 아들 명일明一도 향시에 합격한 뒤 서울로 갔다가 병으로 일찍 세상을 떠났다. 넷째 아들이 문충공文忠公 시호를 받은 학봉鶴峯 김성일金誠一이다. 문과에 급제한 그는 성균관 대사성을 거

내앞마을을 빗금으로 가로지르는 실개천 왼쪽에 종가를 비롯한 문화재 건축물이 즐비하고, 오른쪽 아래 안동독립운동기념관이 들어섰다.

쳐, 임진왜란 때는 경상우병사로서 초유사招諭使로 활약하다가 전선에서 병사하였다. 무엇보다 그는 퇴계의 정맥을 잇는 인물로 평이 나 있다. 막내 아들 복일復一도 문과에 급제하여 함경도와 강원도 도사를 거쳐 풍기군수를 지냈다. 이처럼 김진의 다섯 아들 이후로 내앞마을은 경제력과 학문, 거기에다가 관록까지 얽혀 이름난 마을이 되었다.

  이 마을에는 보물로 지정된 김진의 종가와 함께, 그의 둘째 아들 김수일을 잇는 운천雲川 종가가 있다. 1592년 임

1. 찬바람만 드나드는 전통명문마을   13

진년에 일본이 쳐들어왔을 때, 운천 김용金涌도 의주로 난을 피하던 선조 임금을 모신 기록을 《호종일기扈從日記》(보물 484호)로 남겼다. 문장이 이어져 수많은 학자를 배출한 마을이 이곳인 것이다. 기상이 살아있고, 의리와 명분이 뚜렷하게 이어지는 마을이자 문중이다. 또 제산 종가도 있다. 그 외에도 문화재로 지정된 전통 고택들이 즐비하다. 그런데도 이 마을은 하회마을과 다르게 바람만 잠시 머물다가 지나가는, 그저 조용한 마을이다.

여기에 지난 2007년 8월 안동독립운동기념관이라는 작은 기념관이 들어섰다. 그러자 왜 이곳에 들어섰는지 이유를 묻는 사람들이 많았다. 이 기념관은 안동 사람들이 펼친 독립운동이 한국 독립운동사에서 가장 대표적인 것임을 알려주는 기념관일 뿐만 아니라, 세계 식민지해방운동사에서도 단연 두드러진다는 사실을 이해하고 그 뜻을 이어받기 위해 세워진 것이다. 그런데 왜 이 마을에 터를 잡았을까? 거기에는 그럴만한 이유가 있다. 이 마을이 독립운동을 펼치다가 산화한 곳이기 때문이다.

이 마을 출신으로 교과서에 나오는 독립운동가로는 일송 김동삼이 대표적이다. 어디 이 한 사람뿐인가. 이 마을 출신으로 독립 유공자로 포상된 이는 20명에 가깝다. 그리고 독

성명	생몰연대	운동계열	훈격
김규식金圭植	1880.8.27~1945.8.10	만주방면	애국장(1996)
김대락金大洛	1845~1914.12.10	만주방면	애족장(1990)
김동만金東滿	1880~1920.9.27(음)	만주방면	애국장(1991)
김동삼金東三	1878.6.23~1937.4.13	만주방면	대통령장(1992)
김 락金 洛	1862.12.2~1929.2.12	3·1운동	애족장(2001)
김만식金萬植	1866.10.4~1933.9.23	만주방면	애족장(1999)
김병문金秉文	1894.6.10~1967.5.15	국내항일	건국포장(2005)
김병식金秉植	1856.4.10~1936.1.4	유림단의거	애족장(1995)
김성로金成魯	1896.6.5~1936.3.5	만주방면	애국장(1990)
김성로金聲魯	1890~1922.4.30	만주방면	애국장(1991)
김술로金述魯	1898.10.8~1946.7.27	국내항일	건국포장(2012)
김시태金時兌	1896.11.2~1979.6.20	국내항일	대통령표창(2005)
김영종金永鍾	1928.1.4~미상	학생운동	대통령표창(2011)
김장식金章植	1889.1.4~1949	만주방면	애국장(1995)
김정식金政植	1888.6.10~1941.4.20	만주방면	애족장(1993)
김주로金宙魯	1895.4.8~1963.3.31	국내항일	건국포장(2005)
김후병金厚秉	1874.10.3~1954.7.20(음)	국내항일	애족장(1993)
김후식金厚植	1907.4.21~1961.11.7	국내항일	건국포장(2000)

_ 내앞마을 출신 독립유공자

립운동을 펼치기 위해 만주로 간 이 마을 사람은 150명이 넘는다. 그러는 바람에 이 마을은 결정적으로 꺾이고 말았다. '독립운동으로 산화한 마을', '독립운동으로 스러진 겨레의 성지', 내앞마을을 한 마디로 줄이면 그렇다.

2

의병항쟁에 나서다

내앞마을 사람들이 독립운동에 뛰어든 출발점은 한국 독립운동과 마찬가지로 의병항쟁 단계였다. 그럼 먼저 한국의 독립운동부터 간단하게 짚어보고 넘어가자. 한국의 독립운동은 1894년부터 1945년까지 51년 동안 진행되었다. 1910년에 나라가 망했으니 독립운동도 그때 시작된 것이 아니냐고 묻는 사람도 있다. 일제 강점기가 바로 독립운동기라는 셈인데, 사실은 그렇지 않다. 나라가 무너져가는 동안 그것을 막아보려는 처절한 몸부림이 있었던 것이다. 그 저항의 역사가 의병과 계몽운동이란 두 개 줄기로 구성되는데, 의병항쟁이 앞서고 계몽운동이 뒤를 따랐다. 의병은 1894년 안동 갑오의병으로, 계몽운동은 1904년 국민교육회로 그 출발점을 삼는다. 그렇다면 안동은 두 번 말하지 않더라도 한국 독립운동의 발상지임을 확인할 수 있다.

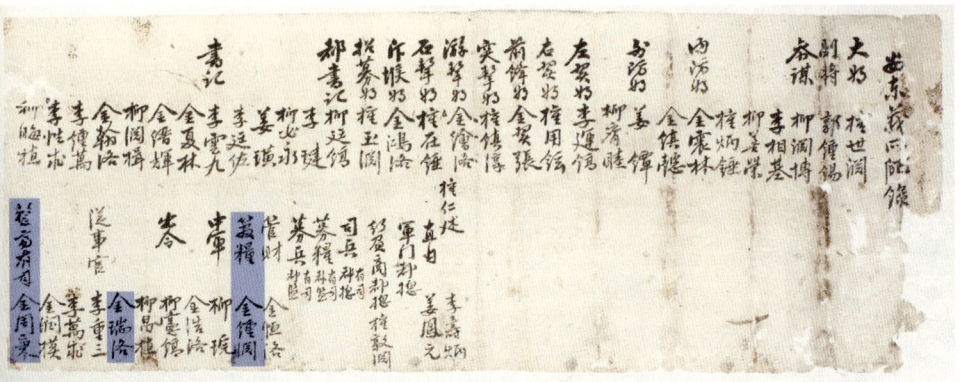
_안동 을미의병 간부진 명단인 〈안동의소파록〉.
내앞마을 출신 김주병·김서락·김종연이 들어 있다.

의병항쟁은 크게 세 시기로 나뉜다. 전기 의병(1894~1896), 중기 의병(1904~1907.7), 후기 의병(1907.8~1909) 등이 그것이다. 이 가운데 안동의 전기 의병은 1894년의 갑오의병과 1895년 12월부터 이듬해 10월(음력 9월)까지 펼쳐진 을미·병신의병으로 나뉜다. 이를 더 자세하게 나누면 네 단계로 구분해 볼 수 있다.[1]

제1단계: 갑오왜란에 항거한 서상철徐相轍의 거병과 이용호 활동 시기(1894.7)

제2단계: 제1대 의병장 권세연 취임과 안동부 장악

(1895.12~1896.1.29)

제3단계: 제2대 의병장 김도화 취임, 안동부 탈환, 태봉 전투, 송천도회(1896.1.30~1896.4.12)

제4단계: 송천도회 후 항쟁과 해산(1896.4.12 ~1896.9.9)

내앞마을 사람들도 1895년 12월에 비롯된 을미의병에 참가하면서 독립운동의 역사를 시작하였다. 을미의병에 참가한 인물로 김서락金瑞洛·김종연金鍾淵·김주병金周秉 등 세 사람이 나타난다. 1895년 12월 안동의진安東義陣(안동부의 의병부대)이 조직될 때 간부 명단을 기록한 〈안동의소파록安東義所爬錄〉에 그 맡은 직책이 담겨 있다. 김서락은 자가 서오瑞五로 천전리川前里(내앞) 269번지 출신이며, 종사관從事官을 맡았다. 그리고 김종연은 자가 성우聲于로 341번지 출신인데, 관량管糧을 맡았다. 김서락에 대해서는 오미마을 김정섭이 남긴 《일록日錄》에 1895년 12월 6일(음), "공사원公事員 류필영柳必永·김서락이 권참봉權參奉을 천거"했다는 기록이 나온다. 권참봉은 바로 1차 안동의병의 대장을 맡은 봉화 닭실마을, 곧 유곡酉谷에 살던 권세연權世淵을 말하는데, 그는 이들의 천거에 한 차례 사양했다가 다음날 대장에 취임하였다. 김주병은 자가 건팔建八, 호가 고천古川인데, 천전리 279

번지 출신이다. 안동의진에서 그가 맡은 직책은 정제유사整齊有司였다.

김서락·김종연·김주병에 대한 기록은 곧 제2단계에 속한다. 그런데 아쉽게도 이들이나 그밖에 다른 내앞마을 사람들이 안동의병에 들어가 펼친 활동을 보여주는 자료는 발견되지 않고 있다. 김서락과 김종연은 아무리 짧아도 제3단계까지는 활약했으리라 짐작된다. 제3단계에서 2대 의병장으로 추대된 김도화도 의성김씨이지만, 2·3단계를 주도한 서산西山 김흥락金興洛이 곧 이 마을 출신인 학봉 김성일의 종손이자 당대 퇴계학맥을 계승한 최고 학자로 평가되는 인물이었던 터라, 그와 함께 움직인 것으로 봐야 할 것이다. 다만 이들의 구체적인

김서락의 기록이 담긴 오미마을 김정섭의 《일록》

활약상을 알려주는 자료가 없어 안타깝다. 이에 견주어 김주병은 2단계 활동이 진행되던 1월 15일 사망함에 따라 활동이 끝났다.

을미의병 당시 내앞마을은 안동의진을 꾸려가는 데 필요한 자금을 나누어 맡았다. 의병부대를 유지하자면 돈이 들게 마련이다. 무기와 식량, 옷과 운송 수단 등을 마련하자면 재정 공급이 뒷받침되어야만 했다. 안동의진 본부는 이를 해결하는 방법으로 문중·마을별로 필요한 금액을 배당하였다. 1895년 12월 안동의진이 결성되면서 마을별로 배정된 내용을 보면, 내앞마을의 경제적 위상을 알 수 있다.

하회마을(풍산류씨)과 무실마을[수곡水谷 (전주류씨)], 봉화 닭실마을(유곡, 안동권씨)이 각각 1천 냥으로 가장 많았고, 그 다음으로 내앞마을(의성김씨)이 8백 냥, 뒤를 이어 검제마을[금계金溪 (의성김씨)], 봉화 바래미마을[해저海底 (의성김씨)], 법흥마을(고성이씨)이 각각 5백 냥을 맡았다. 그 밖에도 대부분의 양반마을들이 비용을 배당 받았고, 실제로 납부한 것으로 보인다.

이 금액을 보면 당시 내앞마을의 경제적인 사정을 짐작할 수 있다. 안동문화권에서 가지는 경제력이 선두권에 속했던 것만이 아니라, 마을과 문중의 위상도 높았음을 헤아릴 수

_안동창의소 각문중분배기
표지(옆) 및 내용(위)

있다. 이렇게 경제적인 자금의 부담으로 보면 이 마을의 위상이 높지만, 참여 인물의 면면은 상대적으로 적어 보인다. 더구나 뒷날 이 마을 사람들이 펼친 왕성하고도 격렬한 항일투쟁을 생각해보면 의외라는 생각이 들 정도이다. 거기에는 그럴만한 곡절이 있어 보인다. 그 무렵 이 마을이 연달아 상례를 치르고 있던 사실을 찾아내고 그 이유를 분석한 연구는 설득력을 가진다.[2] '큰 종가'로 불리는 청계 종가에서 종손 김형락金亨洛의 동생 정락貞洛이 1893년 7월 7일 작고하여 상례를 마쳤고, '작은 종가'라 불리는 운천 종가의 종손 김주병은 안동의진의 정제유사整齊有司로 뽑혔지만 앞서 본 것처럼 1896년 1월 15일 세상을 떠났다. 게다가 바로 그해 9월 30일에는 종손 형락이 작고하였다. 물론 의병 시기에는 병환으로 지새웠을 터였다. 그러니 큰 종가의 새 종손 김병식金秉植은 생부(정락)와 양부(형락)가 연이어 작고하는 바람에 의병이 일어나던 시기에는 상복을 입고 여막에서 지내야 했고, 작은 종가 종손 김국형金國衡의 처지도 마찬가지였다. 한편 을미의병이 일어나기 앞서 1895년 3월 21일에는 도사都事를 지낸 김진린金鎭麟이 작고하였다. 그의 맏아들 백하 김대락金大洛(1845~1914)은 뒷날 만주로 망명하여 독립군 기지를 건설하는 데 몸 바치는 인물로 널리 알려지게 되는데, 그도 또한 을미의병 당시 부친의 장례를 치르며 상복을 입고 지냈다. 이런 형편이었으니, 을미의병에서 내앞마을 사람들의 활약이 소극적일 수밖에 없었던 것이다.

그렇다고 하여 영향력이 전혀 없었던 것도 아니었던 것 같다. 안동의병이 한 고비를 넘기는 사건이 송천도회였는데,

여기에 김대락의 영향력이 작용한 것으로 짐작이 되기 때문이다. 1896년 3월 말에 태봉전투를 치른 뒤 일본군이 안동 시내 서쪽 입구로 들어와 불을 지르는 바람에 안동 시가지가 불바다가 되었었는데, 바로 그 뒤 부임한 안동관찰사 이남규를 안동의병이 인정하고 받아들일 것인지를 논의한 것이 바로 송천에서 열린 유림들의 도회都會(총회)였다. 여기에서 논의한 끝에 이남규를 인정하기로 결의하였는데, 그는 예안의병장을 지낸 이만도와 함께 과거에 급제한 인물이었다. 그러니 도회에서 이만도의 중재가 있었을 것 같고, 게다가 그의 아들 이중업이 김대락의 막내 매부이니, 김대락의 움직임이 전혀 없었을 것이라고 보기는 힘들다.

---

1) 조동걸, 〈전통 유가의 근대적 변용과 독립운동 사례: 안동 천전문중 川前門의 경우〉, 《안동역사의 유교성향》 우사 조동걸 저술전집 12, 역사공간, 2010, 98쪽.

2) 조동걸, 〈전통 유가의 근대적 변용과 독립운동 사례: 안동 천전문중 川前門中의 경우〉, 《안동역사의 유교성향》 우사 조동걸 저술전집 12, 역사공간, 2010, 95쪽.

3
안동문화권의 혁명 발상지

내앞마을은 안동문화권에 혁명의 바람을 일으킨 곳이다. 이를 일으키고 이끌어간 사람들을 '혁신유림'이라고 부른다. 여기에 등장하는 혁신유림이란 "유학을 새 시대에 맞게 재해석하여 새로운 생활 윤리로 존중하고, 주자학적 종교성은 탈피하면서 유가 가례는 준수한" 인물들이다.[3)]

전통 보수유림의 성향이 온 나라에서도 가장 강한 곳이 안동문화권이요, 그 핵심부 또한 오늘의 안동문화권이다. 그 속에서 스스로 틀을 깨고 나온 일은 혁명적인 변화였고, 그 진원지가 바로 내앞마을이었으며, 그 핵심에 협동학교協東學校가 있었다.

협동학교는 1907년 문을 열었다. 경상북도 북부 지역에서는 처음으로 신식교육을 내걸고 만들어진 중등학교다. 중등학교라 하여 요즘의 중학교나 고등학교에 견주어 말하는 것

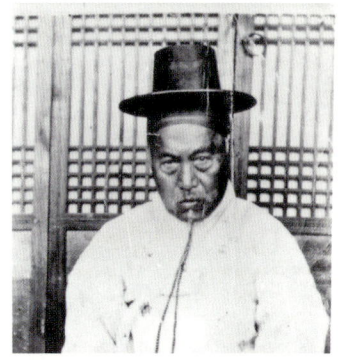

_ 협동학교 주역 (시계 방향으로) 김병식·김동삼·류인식·김후병

은 잘못이다. 가르치는 교육 내용은 비슷하다 치더라도 배우는 학생들은 너무나 다르기 때문이다. 그때 학생들은 지금의 대학생보다도 나이가 더 많은 편으로, 20대 중반이 대다수였다. 더구나 이들은 이미 사서삼경을 독파한 청년 유림들이었고, 나이로 치면 요즘의 대학원생에 가까웠다. 이

런 교육기관이 안동에 들어섰다는 사실은 서울의 그것과는 성격이 달랐다. 서울에서는 이미 계몽운동 차원에서 신식교육을 내건 학교가 여럿이 들어섰고, 더구나 여학교까지 생길 정도였지만, 전통유림이 버티고 있던 안동문화권은 한 치의 흔들림도 없었기 때문이다. 그런 안동문화권에 신식교육을 내건 중등학교가 문을 열었다는 사실 자체만으로도 대지진과 같은 혁명이었다.

대륙의 판이 부딪치고 뒤집히는 충격파가 일어난 진앙이 협동학교였고, 이것이 들어선 곳이 바로 내앞마을이었다. 이런 혁명이 어떻게 가능했을까? 더구나 위정척사 정신이 어느 곳보다 강한 안동문화권에서, 그것도 보수적 틀을 대표하는 문중의 심장부에서 말이다. 그러니 서울에서 보면 대단한 변혁이 아니라 하지만, 이곳에서는 혁명인 것이다. 이런 변화를 일으키는 것이 종손의 허락 없이는 불가능한 일임은 새삼 말할 필요도 없다.

큰 종가 종손 김병식(1856~1936)이 초대 교장을 맡고 나섰으니, 놀랍기 그지없다. 그는 신문물을 접하고 교육받은 인물도 아니었다. 그러니 처음부터 종손이 앞장서지는 않았을 터, 그가 나서도록 만든 인물이 있었을 것이다. 거꾸로 추적해 보자. 이 학교를 설립하자고 발의한 발기인은 류

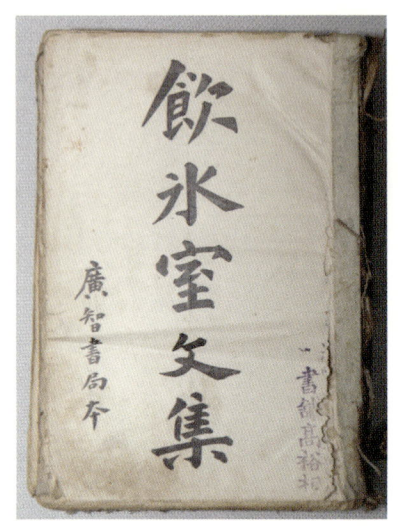

_ 협동학교 교재로 쓰인 양계초의 《음빙실문집》 (권대산 소장)

인식柳寅植(1865~1928)·김후병金厚秉(1874~1954)·하중환河中煥(1875~1954) 등 세 사람이었고, 논의에 참가했던 사람으로 김동삼金東三[본명 김긍식金肯植 또는 김종식金宗植(1878~1937)]이 드러난다.[4)] 이 가운데 김후병과 김동삼이 내 앞마을 사람이다. 이는 종손 김병식을 움직인 인물이 바로 김후병과 김동삼이었고, 이들에게 바깥에서 충격파를 전해주거나 사업을 뒷받침해준 인물이 류인식과 하중환이었다는 풀이를 가능하게 한다.

먼저 충격파를 추적해보자. 그 진원지는 류인식이었다. 그는 1903년 무렵 서울에서 성균관을 드나들며 나라 안팎 정세에 대해 깊은 관심을 가지기 시작했다. 서울에 머물며 서양 근대문물을 받아들이고 있던 그는 신채호·장지연·류근 등을 만나면서 서양의 문화에 눈뜨기 시작했다. 새로운 사상과 문명을 접하고 사고의 틀을 바꾸는 계기를 맞은 것이다. 서유럽 문화를 소개하는 책은 그에게 세계 정세에 대해 폭넓은 인식을 가질 수 있게 만들었다. 양계초가 지은 《음빙실문집飮氷室文集》이 마침 서울에 막 알려지던 참이었다. 류인식이 이 책을 협동학교 교재로 채택한 점을 보더라도, 그 영향이 적지 않았음을 알 수 있다.

새로운 세계로 눈을 돌린 이유는 무너져 가는 나라를 지켜낼 방법을 찾고자 하는 데 있었다. 보수적인 안동 유림 세계에 경종을 울리고 청년들에게 서양 문화를 받아들이는 신교육을 시켜 계몽운동의 주체로 길러내는 것이 무엇보다 급하다고 판단한 그의 발걸음은 빨라졌다. 갓 마흔 살에 들던 1904년, 그는 안동에 근대식 학교를 설립하려고 나섰다. 하지만 보수 유생들의 격렬한 반발에 막혀 한 걸음도 나아가지 못했다. 1차 시도가 무산된 것이다. 그러다가 다시 이를 시도할 수 있게 되는 계기가 나타났다. 1906년 2월 26일 광무황제 고종이 흥학조칙興學詔勅을 내리고, 이어 경북관찰사

신태휴가 홍학훈령興學訓令을 발표한 것이다. 그 어느 때보다 강하게 학교를 세워 교육에 힘쓰라고 요구하는 이들 조치는 신식학교 설립을 밀고 나가는 데 힘을 실어 주었다.

이제 다음 순서로 류인식의 혁명적 변화 요구에 공감하고 이를 내앞마을로 연결시킨 매개역 노릇을 누가 맡은 것인지 살펴보자. 거기에 바로 김후병과 김동삼이 있었다. 종손을 설득하고 움직일 수 있는 인물이 이들이 아닌가. 이들이 종손에게 무엇을 어떻게 말했는지 구체적으로 알 수는 없지만, 신교육의 당위성은 말할 것도 없고 필요한 재원까지도 논의했을 것이다. 그 대표적인 사례로 이 마을에 학교를 세운 사실과 2년 뒤인 1909년에 호계서원虎溪書院의 재산이 협동학교로 옮겨진 점을 들 수 있다. 훼철된 호계서원의 재산을 처분할 때 가장 강한 목소리를 낼 수 있던 곳이 바로 내앞마을이었기 때문이다. 이런 과정에서 김후병·김동삼 쌍두마차의 노력이 결정적이었으리라 짐작하는 것은 지나치지 않다.

김후병은 큰 종가 종손 김병식과 생가로 계산하면 6촌 형제여서 매우 가까운 사이였다. 그래서 그를 종손의 대리인으로 평가하기도 했다.[5] 그의 자는 인맹仁孟, 호는 창암蒼庵인데, 1910년대에는 줄곧 교육운동을, 이어서 1920년대에

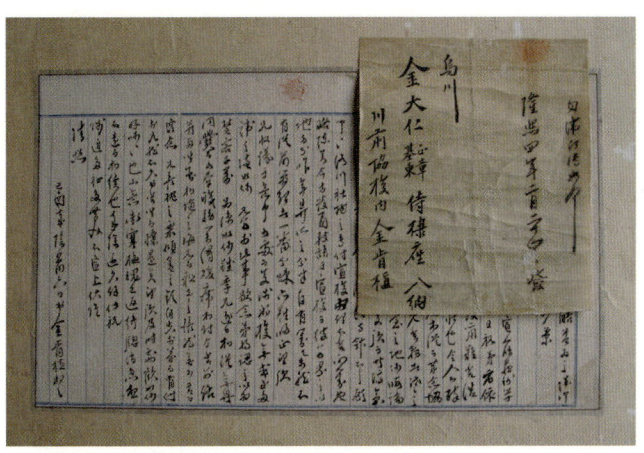
_ 김동삼이 외내 군자리에 보낸 편지

도 교육운동과 함께 대한민국 임시정부 지원활동을 펼쳐나가던 인물이다. 한편 김동삼은 작은 종가 후손으로, 당시 마을에서 가장 왕성한 활동을 보였다. 김동삼이 1909년(본문에는 기유, 봉투에는 1910년 융희 4년)에 외내(오천 군자리)마을 옛 처가에 보낸 편지가 남아 있는데, 협동학교를 열어 1년이 지난 뒤에도 긴장하고 있는 사정과 후조당 김부필을 제향하던 낙천사[洛川社(祠)]의 재산을 선성향교에만 주고 협동학교에는 배정하지 않은 것에 불만을 드러낸 사실을 보여준다. 여기에서 그가 협동학교에 기울이던 노력과 정성을 짐작할 수 있다.

김후병과 김동삼, 이들 두 사람과 다시 여기에 힘을 보탠 서후면 교리 출신 하중환은 모두 30대 초반에 든 같은 또래였다. 하중환은 1909년 4월 1일 정부가 지방비법地方費法을 공포하여 유림이 가지고 있었던 지방의 공물公物을 몰수하여 지방비로 쓰게 하는 조치를 내리자, 이를 기회로 삼아 협동학교 기성회를 소집하여 유림 다수의 찬성을 이끌어 내고, 학부의 승인을 얻어 호계서원의 재산을 협동학교에 귀속시키는 데 공을 세웠다. 이는 앞서 김동삼이 낙천사의 재산 처분을 말한 사실과도 연결되는 일이다. 하중환은 고향마을 이웃의 검제(금계)마을 학봉 종가의 종손 김용환(1887~1946)과도 가깝게 지낸 인물이다.

초대 교장을 맡은 이는 내앞마을 종손 김병식이었다. 이것은 대외적으로 학교 설립의 위상을 확고하게 드러내는 데 그 목표가 있었을 것이다. 종손이 김후병이나 김동삼의 이야기만 듣고 움직이기도 힘들었지만, 문중과 안동 유림사회의 강력한 반대 여론을 주저앉히면서 일을 밀고 나간 종손의 결단이나 구실도 대단했다. 종손이 교장을 맡았으니 문중에서도 더 이상 비난하고 나서기 힘들었지만, 그렇다고 반발 자체가 없었을 리는 없다. 류인식의 스승이자 제2대 안동의 병장을 지낸 김도화, 류인식의 부친 류필영, 예안의 1차 의

《황성신문》 1910년 8월 7일자. 아들이 단발하고 입학할까 걱정하여 혈서를 써서 금지시킨 김소락 이야기

    병장을 지낸 이만도 등 원로들이 강하게 반대한 데다가, 얼마 뒤에 혁신의 물결을 끌어가게 되는 고성이씨 종손 이상희(이상룡)마저도 이 무렵에는 경남 거창 가조면 일대에서 의병기지를 건설하고 있는 상황이었다. 몇 년 뒤 1910년 나라가 무너지자 24일 동안 단식하여 순국한 도산면 하계마을의 이만도가 내앞마을에 협동학교가 들어선 것을 걱정하고 비판한 사실은 그러한 사정을 보여주는 하나의 사례일 뿐이다.

    비판은 마을이나 문중 바깥에서만 일어난 것이 아니고, 마을 안에서도 결코 만만하지 않았다. 김대락金大洛[호 비서賁

西, 만주로 망명한 뒤에는 백하白下]과 김소락金紹洛 형제의 반대가 대표적이다. 김대락은 바로 도사 김진린의 맏아들이자 이상룡의 큰 처남인데, 위정척사적인 성향을 고스란히 잇고 있었다. 게다가 학문이 뛰어난 김소락은 아들이 상투를 자르고 학교에 들어갈까 염려하여 혈서를 써서 금지하고 나서기까지 했다. 그 사실은 《황성신문皇城新聞》이 "안동완고安東頑固 김소락씨는 기자其子가 단발입학斷髮入學할까 염려하여 단지혈서斷指血書로 금계禁戒를 작하였다."라고 보도할 정도였다.

이런 상황에 김대락의 아들 김형식金衡植이나 조카 김만식金萬植이 혁신을 향한 뜻만을 밀고 나갈 수는 없었다. 그러니 협동학교가 이 마을에서 문을 열었다는 사실은 혁명적인 변화라 아니할 수 없는 것이다. 내앞마을에서 출발한 혁신의 물줄기가 점차 마을을 넘어 안동문화권 전체로 퍼져가는 대변혁의 역사가 첫걸음을 내딛게 된 것이다. 또 김동삼이라는 독립운동계의 큰 별이 떠오르는 무대가 바로 이 학교 설립과 운영 과정에서 만들어지기 시작했던 것이다.

바로 이 무렵, 안동문화권에 변혁을 촉진시키는 일이 벌어졌다. 의병에 힘을 쏟던 이상룡의 노력이 물거품으로 돌아가는 상황에서, 새로운 문물로 눈길을 돌리는 변화가 나타난 것이다. 이상룡이 1908년 초 가야산에 의병기지를 건설하려고 막대한 돈을 투입하였지만 차은표의 실수로 실패하는 사건이 벌어진 데다가, 마지막 기대를 걸었던 신돌석의진마저 흩어지고 말았던 것이다. 그리고 또 하나의 변화를 가져온 계기는 이상룡이 서양 문물을 소개하는 외국 서적을 읽기 시작하고, 대한협회大韓協會 안동지회 설립을 논의하면서 비롯하였다. 그때가 1908년 10월이다.

김대락이 대한협회 회보를 보고 쓴 글

이상룡의 변화는 가히 혁명이라 평가할 만하다. 그의 변화는 얼마 지나지 않아 큰 처남 김대락을 움직였다. 김대락은 《대한협회회보大韓協會會報》를 읽은 뒤, 급하게 바뀌는 세상을 느끼면서 〈독대한협회서유감讀大韓協會書有感〉이란 제목을 붙여 시를 지었다. 이 글은 아들 김형식이 만주에서 엮은 《선고유고先考遺稿》에 실려 있는데, 김형식의 사위 이태형이

보관하고 있던 것이 국내로 알려지게 되었다.[6]

늙은이 눈 어두워 죽은 듯이 누웠다가	老夫無明尸似居
창문에 기대어 대한서를 읽네.	伴窓起讀大韓書
폐부를 찌르는 말 마디마디 간절하니	衝心裂肺言言切
두 눈에 흐르는 눈물 옷깃을 적시네.	可使吾人淚滴裾
때 끼고 녹슨 거울 비춰볼 수 없어서	有鏡煤塵鏡似盲
오랫동안 서랍 속에 버려두었다가	長時處在舊粧籢
때 벗기고 닦아내어 옛 모습 되살리니	磨光刮垢還依舊
비로소 알았네 청동거울 본래는 밝은 것을	始識青菱本體明
칼집에 넣어둔 검 칼이라 할 수 없어	有劍韜鋒劍匪眞
십 년 두고 검을 갈며 정신을 가다듬어	十年淬鍔鍊精神
난마처럼 얽힌 사슬 단번에 베어내니	盤根錯節恢遊地
비로소 알았네 추련같은 칼도 써야만 검인 것을	始識秋蓮用在人
산속에 묻힌 구슬 겉모습이 돌 같아	有玉藏山玉似珉
통곡하며 호소한들 어느 누가 알아줄까	(楚)山泣刖孰知眞
하루아침 쪼개어 천하에 드러내니	一朝剖璞爲明日
비로소 알았노라 어주는 보배가 아닌 것을	始識魚珠不敢珍

그렇다. 김대락은 《대한협회회보》를 읽고서 비로소 알았

다고 썼다. 매부 이상룡이 대한협회 안동지회를 만든다고 나선 것도 사실은 자신이 단단히 지켜오던 위정척사적인 틀을 깨고 나가는 것이 아닌가. 보수적인 틀을 함께 지키고 있던 그로서는 이상룡의 변화야말로 당혹스러운 것이 아닐 수 없었다. 그런 차에 아마도 매부로부터 건네받은 《대한협회회보》는 새로운 세상을 보도록 만들었음에 분명하다. 그래서 이렇게 글을 읊었던 것이다. 녹슨 청동거울도 본바탕은 밝은 것이요. 아무리 유명한 칼도 제대로 써야 칼다운 칼이라고 탄식하면서, 이제 새로운 세상을 열어가야 한다는 다짐을 담아냈다. 그러한 다짐은 당장 내앞마을에 들어선 협동학교에 대한 태도의 변화로 나타났다. 반대 의사를 분명히 하던 그는 돌연히 방향을 바꾸었다. 자신은 뒤편 작은 집으로 물러나 앉으면서, 본집을 협동학교 교실과 기숙사로 내놓은 것이다. 당시 《황성신문》에 실린 〈교남교육계嶠南敎育界에 신적치新赤幟〉라는 논설이 이 사실을 알려주고 있다.

"…… 내어근일乃於近日에 안동내신安東來信을 거據한즉 해군該郡 임현내면臨縣內面 천전리거川前里居 김대락씨金大洛氏가 교육敎育을 진기振起할 사상으로 자기 소유의 신건축新建築한 오십여칸五十餘間 가옥을 출연하야 교사校舍를 작作하

《황성신문》 1909년 5월 8일자. 김대락이 협동학교에 자기 집을 내놓은 사실을 소개

고 자기난 일소옥一小屋에 이주하야 왈曰 오吾의 용슬容膝은 어차족의於此足矣라 하고 일반 인사를 제설提挈하야 대가확장大加擴張하기로 열심 주거做去한다니 차此는 교남교육계嶠南敎育界에 신적치新赤幟를 건립하얏도다. 개씨盖氏의 역사난 원래 구학문의 대방가大方家로 수구파의 일지一指를 수굴首屈하난자라 수년 이전에도 혹 신교육을 발기하기로 언급하난 자가 유有하면 대성질책大聲叱責하고 극력 반대하더니 지우근일至于近日에 번연幡然 대각大覺하고 의연 분발하야 왈曰 여余가 신교육에 대하야 그 시무時務의 필요됨을 조기 각득치 못한 것이 대한大恨이라 금시 각득하얏스니 엇지 헌신적 의무를 불위不爲하리오 ……"[7)]

그렇다. 김대락의 변화는 돌풍과 같은 것이었다. 그러니 서울에서도 눈여겨 볼만한 일이 아닐 수 없었다. 그는 새로 지은 50칸이 넘는 집을 협동학교에 내놓아 교사와 기숙사로 쓰게 하고서는, 정작 자신은 뒤편 작은 집으로 물러나 살았다. 김대락의 변화는 그동안 묶여 있던 아들 김형식의 발걸음을 빠르게 만들 뿐만 아니라, 협동학교의 활성화와 더불어 안동문화권 전체의 변화를 촉진하는 것이기도 했다. 바로 이 무렵이던 1909년 1월에 교남교육회嶠南教育會 안동지회까지 결성되었으니, 안동문화권에서 신교육 운동이 왕성하게 펼쳐지게 되었다. 가장 보수적인 곳에서 막상 변화의 바람이 일어나자 그 속도가 무서울 정도로 빠르게 나아가기 시작했던 것이다.

협동학교라는 이름은 흔히 쓰는 협동協同과 달라서 잘못 쓰이는 일이 흔하다. 학교 이름을 이렇게 지은 이유는 〈협동학교설립취지문〉에 이렇게 나와 있다. "나라의 지향志向은 동국東國이요, 향토의 지향은 안동이며, 면의 지향은 임동臨東이므로 '동東'을 택하고, '협協'은 안동군의 동쪽에 위치한 7개 면面이 힘을 합쳐 설립한다는 뜻"을 살렸다는 것이다. 1914년 일제가 지방 조직을 바꿀 때 여러 개 면이 통폐합되는 바람에 지금은 이들 7개 면이 모두 존재하지는 않지만,

협동학교 설립취지문(《황성신문》 1908년 9월 27일자)

대개 안동 동부와 북부 일부인 임하·임동·길안·예안면이 여기에 해당한다.

협동학교는 경북 북부 지역에서 문을 연 최초이자 하나뿐인 중등학교였다. 1907년 후반기부터 1908년 말까지 전국적으로 사립학교 설립운동이 확대되어 갔는데, 이러한 경향은 신민회新民會의 적극적인 지원에 영향을 받은 점도 컸다. 협동학교도 그랬다. 신민회와의 소통은 1907년 11월 대한협회를 조직할 때 류인식이 발기인으로 참가한 사실에서도 확인된다. 또 이상룡이 1908년 대한협회 본회의 요청을 받고 다음해 봄 대한협회 안동지회를 조직하게 된 것도 이와 관련이 있을 것이다.

교사로는 신민회에서 파견된 인물이 많았다. 신민회에서 이관직이 다녀갔고, 김기수·안상덕·김하정·김철훈 등 신민회 출신 교사들이 파견되어 왔다. 지금까지 알려진 교원들 가운데 내앞마을에서는 교장 김병식을 비롯하여 김긍식(김동삼)·김형식이 대표적이다.

협동학교의 교육 정신은 어디에 있었을까? 이를 알려주는 자료가 《황성신문》 1908년 9월 27일자에 실린 〈취지문趣旨文〉과 10월 7일자에 실린 〈권면문勸勉文〉이다. 〈취지문〉은 두 가지 점을 명시했다. 하나는 서양의 과학 문명이 세계를 휩쓸고 열강이 경쟁하며 풍운이 몰아치는 상황이라는 정세를 말한 것이고, 다른 하나는 인물을 많이 배출했던 안동이 시세에 늦었지만 학교를 세워 새로운 인재를 길러 새 시대를 맞이하자는 점이었다. 그리고 〈권면문〉은 동양 철학을 근본으로 삼고 서양 과학 문명을 받아들이는 동도서기론東道西器論과 사회진화론적인 시국관을 펴면서, 협동학교가 자신을 근본으로 삼으면서 서양 문명을 수용하는 길을 택하기를 바라는 내용을 담았다. 서울은 당시 동도서기론을 넘어 변법자강을 주장하는 시세였지만, 안동은 유림의 틀과 정신세계를 유지하면서 서양 문물을 받아들이자는 선을 걷고 있었

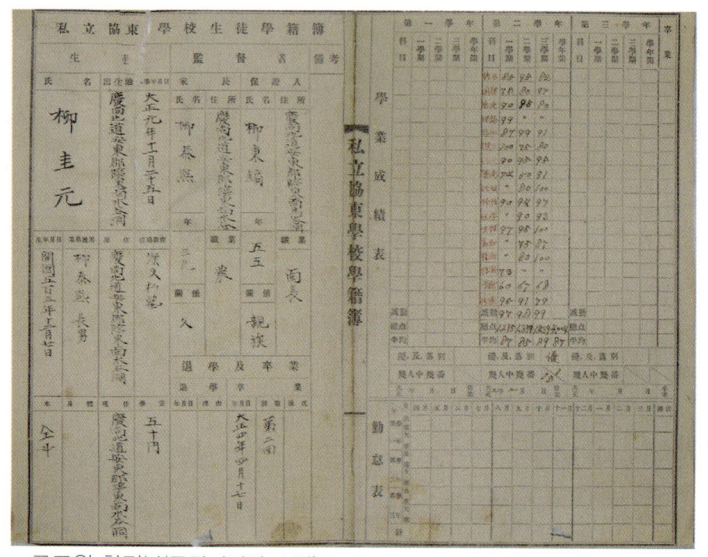

_ 류규원 학적부(독립기념관 소장)

던 셈이다.

　협동학교의 정규 교육과정은 3년제 중등과정이었다. 다만 처음 시작할 때에는 예비과정을 두었던 것으로 보인다. 1911년 3월 30일 1회 졸업생이 나온 점으로 보아 정규과정이 시작된 때가 1908년 4월이 된다. 따라서 1907년 문을 열었다는 사실은 정규과정을 시작하기 전에 예비과정을 두었던 것으로 판단된다. 협동학교보다 몇 년 늦게 문을 연 계명학교가 예비과정과 본과정을 둔 사실에서 이러한 추세를 헤아릴 수 있다.

　서양 학문을 가르치면서 애국심과 독립정신을 불러일으키기 위해 국사와 국어 교육에도 힘썼다. 그러면서 세계지리와 세계사를 가르쳐 바깥 세상에 눈뜨게 만들었고, 상업과 수학을 가르쳐 실질적인 사회 변화에 적응시켰다. 비록 중등학교라지만 학생들은 대부분 스무 살이 넘었고, 20대 중반에 들 때까지 오직 사서삼경을 모두 익히고 성리학에만 몰두했던 청년유림이었다. 이들에게 서양의 문화와 역사, 수학과 상업, 물리와 생물 등 새로운 학문을 가르치고 배우는 일은 말 그대로 '혁명적인 변화'였다. 처음에는 단순하게 서양의 기술문명만 받아들인다는 자세를 가졌었더라도, 점차 사상과 체제의 변화가 없이는 사실상 혁신이 불가능하다는 점을 깨닫게 되었다. 그러므로 혁명적인 사고 변화가 뒤따르게 마련이었다.

　학교를 연 사실 자체가 혁명적인 것인데, 또 하나의 큰 사건이 생겼다. 1909년 11월 협동학교 교사진과 학생 30여 명이 단발한 것이다. 이에 대한 반응은 극과 극이었다. 《황성신문》이 〈협동진보協東進步〉라는 제목을 붙여 이를 높이 찬양한 것과 반대로, 유림들은 격렬하게 비난하고 나섰다. 그 비난이 비난으로 그치지 않고, 심하게는 무장 공격으로 이어진 사건이 일어났다. 1910년 7월 18일, 학생 모두가 상투를 자른 일을 문제 삼아 최성천崔聖天이 이끄는 예천 지역 의병이 학교를 기습하여 김기수(교감, 32세)·안상덕(교사, 24세)·이종화(서기, 29세)를 살해한 참극이 일어난 것이다. 학생들을 일제히 단발시킨 것이 가장 큰 이유였지만, 계몽운동과 근대식 교육에 대한 부정적 시각이 전반적인 문제였다. 내앞마을 의성김씨 종가의 위상으로 볼 때, 최성천이 거느린 예천의병이 협동학교를 공격할 처지는 아니었다. 거기에는 분명히 당시 안동의 척사적 전통유림의 전반적인 시선과 감정이 뒷받침되어 있었을 것이다.

그때 학생들의 머리카락을 일제히 단발시킨 주인공은 김기수와 안상덕이었다. 어디 이들만 그랬으랴. 제1회 졸업사진에 등장하는 교직원이나 학생들 모두 그러했다. 1911년 초 어느 날 찍은 것으로 보이는 교사들의 사진이 한 장 남아 있는데, 류인식과 김동삼은 뚜렷이 구분되지만 나머지는 알 수 없다. 다만 가운데 앉은 이가 후손 이야기로는 이관직이라 알려진다. 그 나머지는 제1회 졸업장에 등장하는 교감 박태훈, 교사 박준서·김진황일 것이다.

교사와 학생들이 단발한 차림을 보여주는 사진이 또 한 장 있다. 1911년 3월 30일자로 졸업한 1기생들의 졸업식 사진

협동학교 교직원 사진(옆)과 제1회 졸업식(위). 상투를 자르고 양복 차림이 등장했다.

이 그것이다. 협동학교 뒤 가산可山을 배경으로 찍은 것인데, 소나무 앞에 학교 교기로 보이는 깃발이 엇갈려 세워져 있다. 교사들이 앞에 앉고, 뒤로는 25명 학생들이 졸업장을 가슴에

대한협회 안동지회 취지서(한국국학진흥원 소장)

꽂고 서 있다. 한복 교복에 신식 학교 모자를 썼고, 두 명은 한복에 갓을 쓰고 있다. 아마 단발했다면 맨상투였을 것이다.

협동학교가 안동문화권에 격렬한 바람을 몰아칠 때, 활동 영역을 넓혀 나가는 인물도 나왔다. 김동삼이 대표적이다. 그는 서울에서는 신민회에 뛰어들고, 지방에서는 대한협회 안동지회와 대동청년단大東靑年團에 가입하여 활동하였다. 그밖에도 대한협회 안동지회에 관심을 갖고 참여하는 인물들이 나왔다. 구체적으로 누가 여기에 뛰어들었는지 명확한 명단이 나오지는 않지만, 보수유림 김대락이《대한협회회보》를 읽고 노선을 바꾼 사실을 생각해 볼 때, 내앞마을에서도 여기에 참가하는 인물이 나왔으리라는 사실을 짐작해 볼 수 있다. 짐작하건대 협동학교를 열었던 김후병과 김대락의 아들 김형식은 마땅히 여기에 참여했을 것이다. 김대락의 조카 김만식도 여기에 동참했다는 이야기가 뒷날 이상룡의 아들 이준형이 김만식을 기려 쓴 제문祭文에 등장한다.[8] 대한협회는 1907년 11월 서울에서 만들어진 정치운동과 대중계몽운동을 이끌어 가던 조직인데, 안동에서는 이상룡·류인식·송기식 등이 지회 설립을 밀고 나갔다. 이상룡은 스스로 보수적인 유림을 대표하는 인물이었지만, 신문물을 받아들이는 혁신유림으로 전환하고 앞장서서 유림사회에 변화를 요구하고 나섰던 것이다. 그리고 그것이 바로 대한협회 안동지회 설립과 안동 지역 대중운동으로 나타났다. 대한협회 안동지회가 안동문화권에서 처음으로 대중 강연회를 열었고, 여기에 무려 2천 명이나 모였다는 이야기로 보아, 서울에서 열린 만민공동회가 떠올려진다.

대한협회 안동지회는 협동학교와 달리 '시민사회'를 지향하는 정치조직이었다. 창립 취지문에서 '대한국민 정당의 모임'임을 선언했고, 활동도 청년 대중을 정치적으로 훈련시키는 데 초점을 두었으니 정치조직임이 분명하다. 그러면서 또한 다른 지역의 계몽운동과는 성격을 달리하여 '의용병 양성'이라는 군대조직을 지향하기도 한 점에서 독특하다. 이는 그 목표가 계몽운동을 벌이는 것만이 아니라 무력투쟁·독립전쟁도 지향했다는 의미이다. 이러한 논리와 활동 방향은 계몽운동을 오직 '교육과 식산殖産'으로만 이해하는 것이 잘못이라는 사실을 말해준다. 아마 이러한 시각은 계몽운동을 지나치게 신민회 중심으로 보아온 탓일 것이다. 1909년에 이르러 신민회가 방향을 바꾸기 이전에 이미 대한협회 안동지회는 독립전쟁론의 기초를 만들어 갔다.

내앞마을 사람들이 영남 지역을 활동 무대로 삼아 나선 조직은 대동청년단이었다. 이것은 1909년 10월 무렵, 안희제가 서상일·이원식·남형우 등과 함께 만든 비밀조직이다. 영남 지역 출신으로 교남교육회에 가담하고 있던 계몽운동가들이 주축을 이루었다. 영남 출신 청년들이 서울로 가서 신문물을 받아들이고 민족 문제에 눈을 뜨면서 새로운 길을 찾아 함께 모인 것이 바로 대동청년단을 결성하게 된 계기였던 셈이다. 인재 양성을 주된 활동 목표로 삼은 대동청년단에 내앞마을 사람으로 김동삼의 활약이 뚜렷하다.

3) 조동걸, 〈전통 유가의 근대적 변용과 독립운동 사례: 안동 천전문중 川前門中의 경우〉, 《안동역사의 유교성향》 우사 조동걸 저술전집 12, 역사공간, 2010, 88~89쪽.

4) 류인식, 《동산문고東山文稿》, 동산선생기념사업회, 1977, 144쪽.

5) 조동걸, 〈전통 유가의 근대적 변용과 독립운동 사례: 안동 천전문중 川前門中의 경우〉, 《안동역사의 유교성향》 우사 조동걸 저술전집 12, 역사공간, 2010, 106쪽.

6) 조동걸, 〈전통 유가의 근대적 변용과 독립운동 사례: 안동 천전문중 川前門中의 경우〉, 《안동역사의 유교성향》 우사 조동걸 저술전집 12, 역사공간, 2010, 110쪽.

7) 《황성신문》 1909년 5월 8일자.

8) 이준형, 《동구유고東邱遺稿》, 석주이상룡기념사업회, 1996, 235~241쪽.

4
150명 넘는 사람이 만주로 가다

1) 고난의 망명길

1910년 12월 김대락은 장엄한 망명길을 열어 나갔다. 그의 만주 망명길에 150명이 넘는 내앞마을 사람들이 동참하였다. 그러나 이 숫자는 그저 짐작에 지나지 않는다. 실제 정확한 수치를 찾아내는 일은 어렵다. 그러니 지금까지 가능한 범위에서 인물들을 추적해보자. 이에 앞서 망명길에 오르게 된 배경과 과정부터 살피고 간다.

나라가 망하자 안동에서는 두 가지 뚜렷한 흐름이 나타났다. 하나는 일제의 침략과 통치를 인정하지 않겠다는 결연한 뜻을 밝히면서 순절한 자정순국自靖殉國이고, 다른 하나는 만주로 망명하여 독립군 기지를 건설하는 것이었다. 나라가 망했다는 소식이 전해지자 도산면 하계마을의 이만도가 단식에 들어가 순절하고, 바로 그날부터 다시 이중언이 단식을 시작하여 순국 대열을 이어가는 장렬한 역사가 펼쳐졌다. 이만도가 살던 이웃마을 양평에서 이현섭이 순절하고, 하회마을에서 류도발이 역시 그랬다. 내앞마을에서는 직접 순절한 인물은 없었지만, 이만도가 김대락 집안과 사돈 사이이니 아무런 관련이 없을 수 없었다. 김대락의 막내 여동생 김락이 이만도의 며느리로서 순국하는 과정을 지키고 장례를 모시는 형편이었기 때문이다. 그리고 이만도의 뒤를 따라 순절한 이중언은 김만식의 장인이며, 김만식은 김효락의 아들이자 김대락의 조카이다. 김효락이 이만도를 찾아가 단식을 만류한 이야기가 순국 과정을 담은 《청구일기靑邱日記》에 등장한다.

다른 한 줄기는 만주로 망명하는 일이었다. 안동에서 처음 만주로 망명한 사람은 1908년 10월《대동공보大東共報》통신원으로 하얼빈에 도착한 김형재金衡在였다. 안동군 풍서면 구담리(지금의 안동시 풍천면 구담) 출신인 그는 1909년 1월 공립회共立會에 참여하면서 독립운동에 참가하였고, 안중근과도 밀접한 관계를 가지다가 옥고를 치르기도 했다. 본격적인 망명은 역시 나라가 무너진 직후에 시작되었다. 내앞마을 사람들도 마찬가지였다.

먼저 적절한 망명 지역을 찾는 작업이 이루어져야 했다.

신민회에서는 이미 1909년 만주 지역 독립군 기지 건설을 논의했고, 남만주 일대가 대상지로 떠올랐다. 이동녕·이회영·이관직·주진수 등이 서간도를 답사하고 논의하던 과정이 결정적으로 작용했다. 하지만 신민회가 나서서 사전 조사를 벌였다고 해서 안동 유림이 쉽게 안동을 떠나 만주로 갈 수 있는 것은 아니었다. 좀 더 확신이 서야만 했다. 왜냐하면 넘어야 할 산이 너무 높고 건너야 할 강이 너무 넓은, 그야말로 상상도 못할 악조건들이 가로놓여 있었기 때문이다. 더구나 돌아올 수 있다는 기약도 없었다. 울컥 치미는 마음에 그냥 떠날 수 있는 길이 아니었다. 망명이 얼마나 어려운지 짐작조차 힘들다. 첫째, 한 사람도 아니라 가족 전부를 이끌고 가야 했다. 만약 문제가 생기면 한 가문이 몽땅 무너질 수도 있는 위험한 일이었던 것이다. 둘째, 이들은 고향을 등지고 떠나야 했다. 언제 다시 돌아올지 모르는, 기약 없는 길이었다. 셋째, 조상 대대로 물려받은 재산을 처분하여야 했다. 그것도 일제의 감시를 피하면서 이루어내야 하는 일이었다. 우선 일제의 감시를 피하면서 논밭을 팔아야 했다. 몰래 토지를 처분한다고 해도 그것을 구입하겠다고 나설 만한 인물도 흔하지 않은 게 안동의 형편이었다. 또 그 논밭이 한 지역에 몰려 있는 것도 아니니 자연스럽게 처

_ 김만식

분하기도 어려웠고, 하더라도 철저한 비밀 속에 서두를 수밖에 없었다. 그래서 깨끗하게 정리하지 못해 오늘날까지 재산 분쟁이 이어지는 일마저 있을 정도이다. 넷째, 일제의 감시를 뚫고 가야 하는 어려운 길이었다. 실제로 서울에서 다른 동지들이 붙잡혀 갔다는 소식을 이동하는 가운데 듣기도 하여 발걸음이 급해지기도 했다. 다섯째, 과연 그곳이 망명자가 살아갈 수 있기에 적당한 지역인지 확신이 서지 않았다. 풍토병이나 식량문제 해결에 대한 확신을 갖기 힘들었을 것임에 틀림없다. 여섯째, 이 사회에서 가지고 누리던 특권을 포기하는 것이 여간 힘든 일이 아니었다. 이들은 안동 지역에서 말 그대로 '가진 자'요, '누리는 계급'이었다. 안동에서 그냥 살아가더라도 누구 하나 아쉬울 게 없는 인물들이었다. 그러한 기득권을 포기하기란 그리 쉬운 일이 아니었다. 그래서 그들의 망명이 더 빛나는 것이다.

이처럼 어려운 길을 떠나야 했으므로 확신을 가질 만한 정보가 필요했다. 신민회 조사팀이 이를 확인해 주었지만, 한 번 더 사전 작업이 필요하다는 이야기가 자연스럽게 나왔을 것이다. 여기에 나선 인물이 바로 김동삼과 같은 마을 출신인 김만식이었다. 김만식은 김대락의 동생 김효락金孝洛의 맏아들이니, 모두 김동삼과는 가까운 집안 형제들이다. 뒷날 김만식이 작고한 뒤에 이준형이 쓴 제문에 그가 선발대로 활약한 사실이 들어 있어 정황을 헤아릴 수 있다.[9] 김동삼이나 김만식이 정확하게 어디까지 다녀온 것인지는 알 수 없으나, 일단 만주에 대한 기초 조사는 진행했으리라 짐작한다.

  이들이 돌아오자마자 망명에 대한 구체적인 논의가 진행되었다. 안동문화권의 혁명기지가 된 협동학교와 대한협회 안동지회를 정리하는 것도 커다란 과제였다. 내앞마을로서는 협동학교가 더욱 그랬다. 논의한 끝에 협동학교는 두 갈래 길을 떠올렸다. 하나는 건학정신을 이어갈 학교를 만주에 세운다는 것이었고, 다른 하나는 협동학교 그 자체를 안동의 다른 마을로 옮겨 이어간다는 것이었다. 만주에 세울 학교는 그곳에 가서 논의할 일이었고, 남은 학교를 계승하는 일은 남은 자의 몫이었다. 협동학교의 뒷일을 맡은 사람은 임동면 무실의 류동태柳東泰였다. 주역들이 떠나더라도 인물을 기르는 일만은 지속되어야 했고, 그 일은 남은 사람

_ 이상룡(옆)과 이원일(위)

의 몫이었다.

　마침 신민회에서 안동으로 보낸 대표 주진수朱鎭洙가 신민회의 만주 조사 결과를 가져왔다. 주진수는 울진 평해의 황만영黃萬英과 의견을 맞추고 이상룡을 찾아와 동참을 요구했다. 물론 안동에서도 파견했던 인물들이 돌아와 보고한 터이므로 서로 의견이 맞아들었다. 더구나 이들 사이에는 혼반婚班을 통한 혈연관계가 얽혀 있어 동질감이 강했다. 흔히 알려져 있는 것처럼 12월 하순에 주진수가 와서 이야기했기 때문에 망명 계획이 시작된 것이 아니라, 안동에서 이미 망명 준비가 완료되던 무렵에 그가 안동을 방문하여 망명 실행이 합쳐진 것으로 이해하는 것이 옳아 보인다.

김대락과 이상룡이 망명길에 오르기 바로 앞서 젊은이들이 먼저 떠났다. 아녀자들도 나서는 길이니, 행로 중간에 가족들이 머물 장소를 미리 준비해두어야 했기 때문이다. 망명길에 선발로 나선 사람은 김형식과 이원일李源一이었다. 김형식은 김대락의 둘째 아들이자 만주 망명과 개척에 앞장선 인물이고, 이원일은 이만도의 큰집 주손이다. 이만도가 단식 순절한 장소인 도산면 청구동 율리의 큰집이 바로 이원일의 집이다. 그는 협동학교를 다녔으니 김동삼에게는 제자이기도 하고 투철한 동지이기도 했다. 더구나 이원일의 처가가 바로 내앞마을 의성김씨이니, 김동삼과는 서로 인척이기도 했다. 만주 망명 시절에 두 사람이 사돈을 맺게 된 것도 이러한 배경이 있었기 때문이다. 이들 선발대는 먼저 가서 가족들이 도착할 때 중간중간 머물 집이라도 마련해야 했다. 그 추운 엄동설한에 만주벌 아무 곳에서나 멈추고 밤을 지새울 수는 없었던 터였다.

그 뒤를 이어서 김대락과 이상룡을 대표하는 안동 인사들이 무리를 나누어 길을 떠났다. 그들이 떠나간 길은 안동에서 김천까지 걸어가고, 거기에서 기차로 서울을 거쳐 신의

만주망명을 담은 김대락의 기록
《백하일기》

주에 도착한 뒤, 얼어붙은 압록강을 건너 만주로 가는 것이었다. 이보다 조금 뒤에 떠난 사람들은 대구로 가서, 기차를 이용하는 경우도 있었을 것이다.

김대락은 1910년 12월 24일 내앞마을을 떠났다. 1845년생이니 이때 만 65세를 지나 66세에 접어드는 노인이었다. 그러니 살아서 돌아올 것이라는 생각은 아예 없었을 것이다. 아기를 낳을 산달이 코앞인 손부와 손녀까지 데리고서 그 엄동설한에 고향집을 떠난 사실에 대해, 후손을 식민지에서 태어나게 하지 않겠다는 강한 다짐과 자존심에서 나온 것이라 짐작하는 견해도 있다.[10] 실제로 김대락은 만주 항도촌恒道村에서 태어난 증손자의 이름을 "대당大唐(중국)에서 태어나 기대하던 바에 부응하였다."하여 쾌당快唐이라 이름 지었다고 일기에 썼다. 그가 증손이자 주손인 김시흥金時興이다. 바로 며칠 뒤에 태어난 외증손자(울진 평해 사동마을 평해황씨 종손)

4. 150명 넘는 사람이 만주로 가다 57

도 고구려 고주몽의 땅에서 태어났음을 살려 기몽[麒蒙, 황재호黃載昊]이라고 지었다.

고향을 떠나 일주일 남짓 걸려 추풍령秋風嶺역에 도착했다. 김대락 일행이 걸었던 길이 정확하게 기록되어 있지는 않지만, 이상룡의 경우를 보면 알 만하다. 이상룡은 안동 동문을 지나 두솔원兜率院(서후면 명리 두솔원)에서 첫날을 자고, 2일째는 풍산 주막에 들렀다가 하회에서 숙박하였다. 3일째는 구담九潭(안동시 풍천면 구담리)에서 쉬고 삼가三街(상주시 풍양면 괴당1리) 객점에서 잤으며, 4일째는 상주 시내 인봉의 봉대鳳臺(상주시 인봉동)에 있는 사위 강남호의 집에 도착하여 묵었다. 5일째는 금광이 개발되던 신촌新村의 객점에서 유숙하고, 6일째 추풍령역에 도착하였다.[11] 그는 가족보다 먼저 출발하였던 터라 말을 타고 상주까지 가서, 거기부터는 걸었다. 김대락 일행이 갔던 길도 이와 비슷했을 것이다. 달랐던 점은 이상룡보다 먼저 떠난 길이라 김천역으로 향했고, 감시가 심해 추풍령역으로 옮겨 기차를 탔다는 사실이다. 또한 일행 가운데 어린아이도 있고 만삭이 된 새댁도 둘이나 있어서, 아녀자들은 수레를 타고 남자들은 걷는 바람에 행선이 느렸다는 점도 달랐다. 평소 단련이 된 몸도 아니었으니, 추위 속에 겪는 그 고생이야말로 견디기 힘든 것이

_ 김대락 일가의 만주망명 길

4. 150명 넘는 사람이 만주로 가다

_ 항도천 전경. 망명 직후 한겨울을 보낸 곳

었다. 하지만 그 추위는 닥쳐올 만주 행로에 비할 바가 아님을 뒷날 알게 되었다. 기차로 서울에 도착하여 열흘 동안 머물던 김대락은 1911년 1월 6일 남대문역(지금의 서울역)을 떠나 의주 백마역에 이르렀다. 바로 이날 이상룡은 안동을 출발하고 있었다. 김대락 일행은 검문에 걸릴 것을 염려하여 신의주에 앞서 백마역에서 내린 것 같다. 그래서 이튿날은 모든 가족들이 걷고 걸어서 산길을 넘어 신의주로 향했다. 그곳에서 평해 사동(지금의 울진군 기성면 사동리) 출신인 사위 황병일黃炳日을 만나고, 1월 8일 압록강을 건넜다. 얼음판을 걸어서 건너다가, 중간에서 먼저 가서 준비하던 아들 형식이 썰매를 가지고 마중 나온 덕에 이를 타고 건너 만주 안동[지금의 단동丹東]에 이르렀다. 다시 그곳에서 수레를 빌려 540리 길을 달렸다. 얼음길이 울퉁불퉁 험한데다가 어지럽게 파인 길을 달리는 마차바퀴는 사람이나 물건을 모두 부딪치게 만들어 심한 두통에 시달리게 만들었다. 그렇게 달리기를 닷새째 되던 1월 15일 회인현懷仁縣 항도촌에 도착했다. 지금의 횡도천橫道川이 그곳이다. 압록강을 건너 540리를 달려온 먼 길이었다.

최종 목적지는 길림성 유하현柳河縣 삼원포三源浦였지만, 한겨울을 이곳 항도촌에서 머물기로 계획을 바꾸었다. 조건이 그리 좋지 않았던 것이다. 혹독한 추위에다가 산모들이 이동하기 어려워 이곳에서 한겨울을 넘기는 것이 옳았다. 또 뒤따라올 가족들이나 친지를 기다려 합류하는 편이 좋았다. 그러는 사이에 김대락의 증손자와 외증손자가 태어났다. 험난한 망명길에 두 집안의 종손이 태어난 것이니, 고난 속에 맞는 기쁨이었다. 또 김대락이 항도촌에 이르른 지 20일이 지났을 때 이상룡 일행도 도착했다. 이들은 한겨울을 그냥 넘기지 않았다. 짧은 동안이라도 학교를 열어 교육에 힘썼던 것이다.

한편 김동삼이 걸은 망명길도 이와 마찬가지였을 것이다. 그는 김대락보다 한발 뒤처져 갔다. 1911년 3월 30일에 협동학교 제1회 졸업식이 있었는데, 기념사진에 그가 등장하는 것으로 보아 4월 혹은 5월 무렵이 아닌가 짐작된다. 김동삼이 만주로 떠난 시기는 확실하지 않다. 그러나 졸업장을 가슴에 꽂은 학생들의 모습을 보면 이 사진이 미리 찍어 둔 것이라고는 생각되지 않는다. 그는 가족을 남겨 둔 채 청년 20여 명을 데리고 만주로 먼저 떠났다. 동생 김동만金東滿에게 어머니와 아내, 그리고 딸과 맏아들 정묵을 돌봐달라고 부탁했다. 가족들이 만주로 옮겨간 때는 이원일 가족과 비슷한 시기인 1915년 무렵이었다. 김동삼의 아내 박순부와 아이들, 동생 내외와 조카들, 그들 모두가 같은 길을 갔다. 첫 아내를 사별한 뒤 새로 맞은 두 번째 아내가 낳은 큰아들 정묵이 1905년생이니 만주로 갈 때에는 만 열 살이었고, 둘째 아들 용묵은 1912년 초에 태어났으니 세 살이었다. 김동삼이 만주로 떠나기 바로 앞서 잉태된 셈이다. 김동만이 이끈 가족들은 유하현 삼원포로 걸음을 재촉했다.

2) 어떻게 150명이나 되나

내앞마을에서 만주로 망명해 간 모든 사람을 추적하기란

사실 불가능에 가깝다. 10년 전에 필자는 그 숫자가 대략 150명을 넘을 것이라고 짐작하여 말한 일이 있지만, 실제로 누가 그곳으로 갔는지 명확하게 확인하기란 쉽지 않다. 이번 기회에 대체로 추적할 수 있는 대표적인 인물과 그 가족들을 살펴본다.

큰 종가인 약봉파에서 네 가구가 확인된다. 김형팔金衡八·조창용趙昌容 부부와 아들 3형제 내외, 김병대金秉大·류동창柳東昌 부부와 아들, 김병원金秉元 부부와 세 아들 내외, 김병칠金秉七·안동권씨 부부와 아들 5형제 내외 등이다. 여기에서 김형팔과 김병대 가족은 일찍 고향으로 돌아왔다.

둘째 종가인 귀봉파에서는 지금까지 23가구 140명 정도가 확인된다. 가구당 평균 6명인데, 1인 1가구에서 김대락처럼 36명이 한 가구로 잡히는 경우도 있다. 그러니 지금의 가구 개념과는 다르게 생각해야 한다. 몇 집만 골라보면, 김성로金聲魯·김진호金鎭昊·김진식金鎭軾·김대락·김조락金肇洛·김정락金呈洛·김규식金圭植·김성로金成魯 3대, 김동삼·김동만 형제와 그 가족, 김장식金章植과 양자 김용묵 가족, 김대식金大植·김석로金錫魯 부자, 김구락金龜洛, 김화식·김응로金應魯·김덕로金悳魯 부자와 가족, 김시병金蓍秉·김두형金斗衡 3대, 김면식金冕植 가족 등이다.

이 가운데 두드러진 집은 김대락과 김동삼의 집이다. 김대락은 4남 3녀 가운데 맏이인데, 동생 김효락·김소락·김정락의 후손들이 대거 망명길에 올랐다. 여기에 큰누이 김우락金宇洛은 이상룡의 아내로서 함께 만주로 갔다. 김대락은 맏아들 김명식을 일찍 잃고서 둘째 아들 김형식에 의지하고 살았다. 그래도 맏손자 김창로가 활발하게 움직이고 있었고, 망명하다가 손부 이원귀가 증손자를 낳았다. 김형식은 형의 아들인 김정로를 양자로 받아들였고, 역시 망명하던 길에 며느리 평해황씨가 아이를 낳았다. 이들을 망명둥이라 이름 붙일 수 있을지도 모르겠다. 김대락의 첫째 동생인 김효락의 맏아들 김만식과 둘째 아들 김제식이 역시 가족들을 이끌었다. 김대락의 둘째 동생인 김소락의 아들 3형제 김조식金祚植·김홍식金洪植·김정식金政植은 특히 취원창聚源昶을 개척하는 데 크게 기여하였다. 김정식이 앞장서고, 김조식의 아들로서 김홍식의 양자가 된 김문로金文魯가 취원창에서 18년 동안 구장區長 일을 맡아 마을을 발전시키면서 궂은일을 도맡았던 것이다.

대표적으로 김대락과 김동삼의 가계를 보면 다음 표와 같다. 또 그밖에 대표적인 예로 파악되는 인물들은 다음과 같다.

9) 이준형, 《동구유고東邱遺稿》, 석주이상룡기념사업회, 1996, 235~241쪽.

10) 조동걸, 〈전통 유가의 근대적 변용과 독립운동 사례: 안동 천전문 중川前門中의 경우〉, 《안동역사의 유교성향》 우사 조동걸 저술전집 12, 역사공간, 2010, 117~118쪽.

11) 안동독립운동기념관 편, 《국역 석주유고》 하, 경인문화사, 2008, 17쪽.

〈김대락 가계도〉

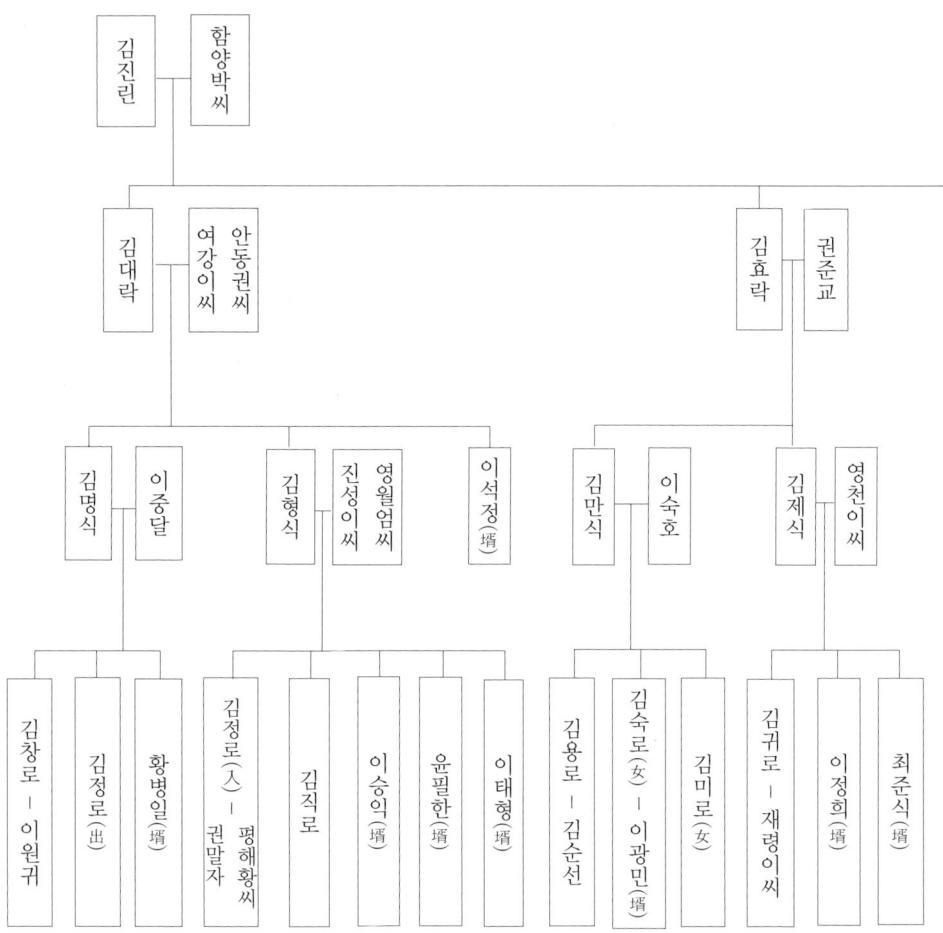

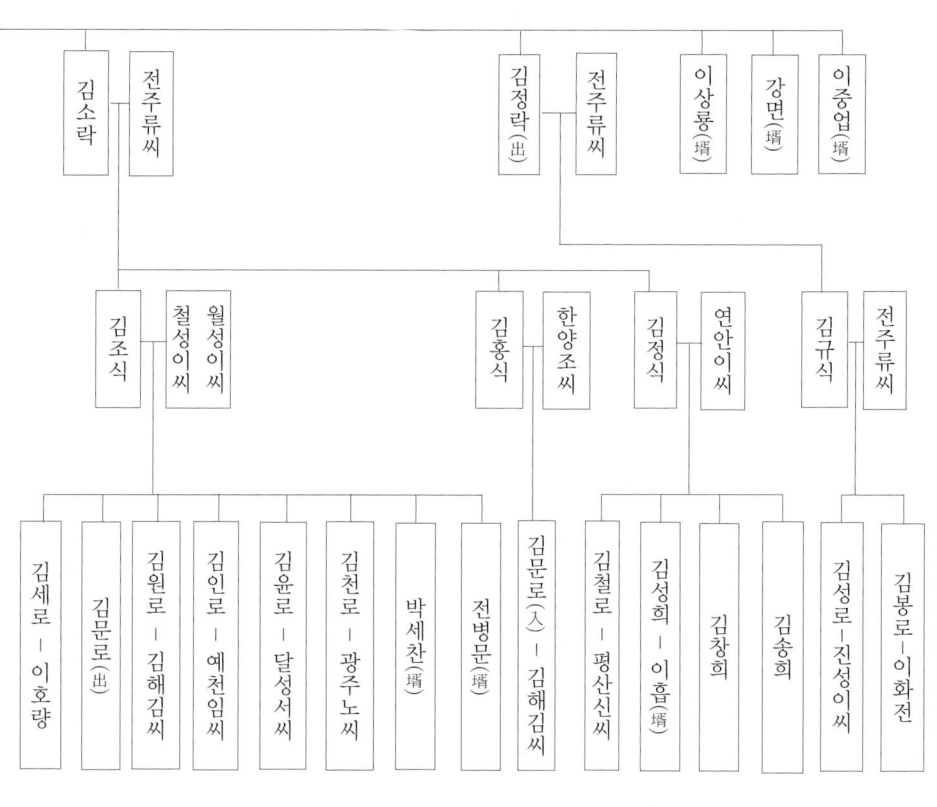

* 이 가계도는 《의성김씨대동보》권2, 《제적등본》, 《취원창》 등을 참고로 하였다.

〈김동삼 가계도〉

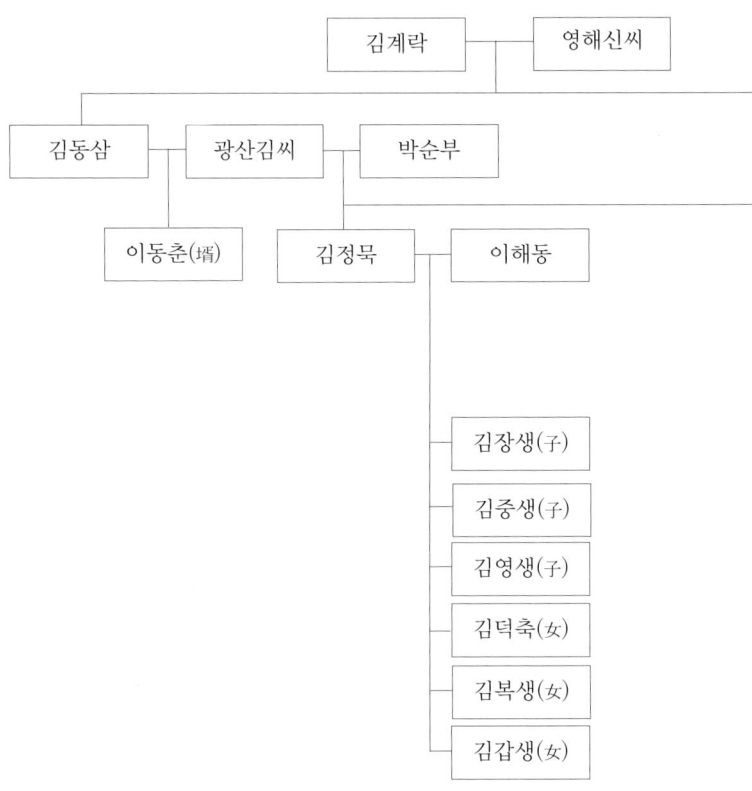

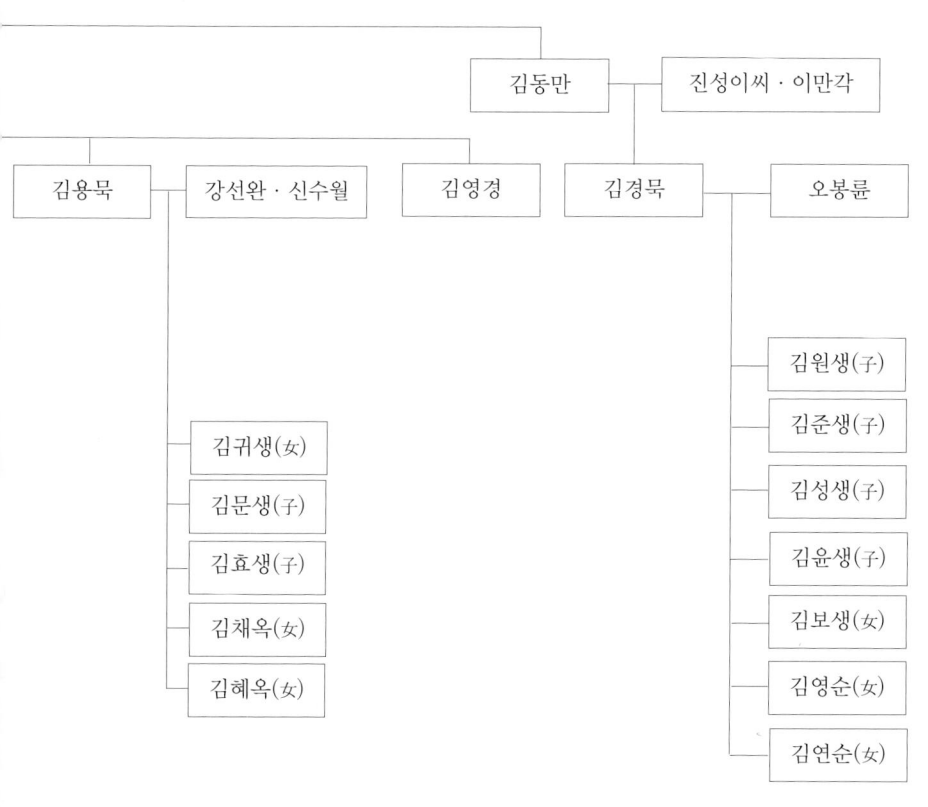

* 이 가계도는《의성김씨대동보》권2,《제적등본》,《취원창》, 《만주벌 호랑이 김동삼》 등을 참고로 하였다.

그 밖의 사람들

김달병金達秉, 김도식金道植, 김문식金文植, 김병달金秉達, 김병륜金秉倫, 김병만金秉萬, 김병칠金秉七, 김성락金誠洛, 김성로金聲魯, 김성휼金聲遹, 김성휼金聲遹의 부인 김점한金點漢, 김영식金寧植, 김영식金寧植의 부인, 신일희申一熙, 김영식金英植, 김우락金宇洛, 김우식金宇植, 김익로金益魯, 김재로金在魯, 김정숙金正淑, 김조락金肇洛의 부인 영천이씨, 김종덕金鍾德, 김종식金鍾植, 김종식金鍾植의 부인 광산김씨, 김창숙金昌淑, 김태대金泰大, 김현대金鉉大, 김현대金鉉大의 부인 손돌선孫㐌仙, 김형로金衡魯, 김형팔金衡八, 김화식金和植, 김후로金厚魯 육손六孫, 칠손七孫

5

만주에 개척한 1910년대 독립운동 기지

1) 독립운동 기지의 첫 삽을 뜬 경학사

내앞마을 사람들을 비롯하여 안동 사람들이 망명 목적지로 삼은 곳은 유하현 삼원포였다. 이곳은 안동 사람만이 아니라 신민회와도 약속된 땅이었다. 이미 1895년에 김구(당시 이름은 김창수)가 두 번이나 방문하여 눈여겨 보아 둔 곳이기도 했던 것이다. 삼원포 일대는 원래 통화현通化縣 이도구二道溝·삼도구三道溝·사도구四道溝·오도구五道溝 지방으로, 거기에 유하현이 설치된 때는 1902년이다.[12] 동학접주로서 봉기에 참가했던 그가 만주를 답사하면서 장차 의병기지로 적당한 지역을 찾아 본 일은 뒷날 류인석의 호서의진이 만주로 가는 데 기초가 되었다. 그렇다면 이 지역에 대한 관심은 김구만이 아니었을 것이고, 따라서 신민회와 안동 사람들이 이곳으로 가는 데도 그러한 정황이 모두 밑받침이 되었을 것

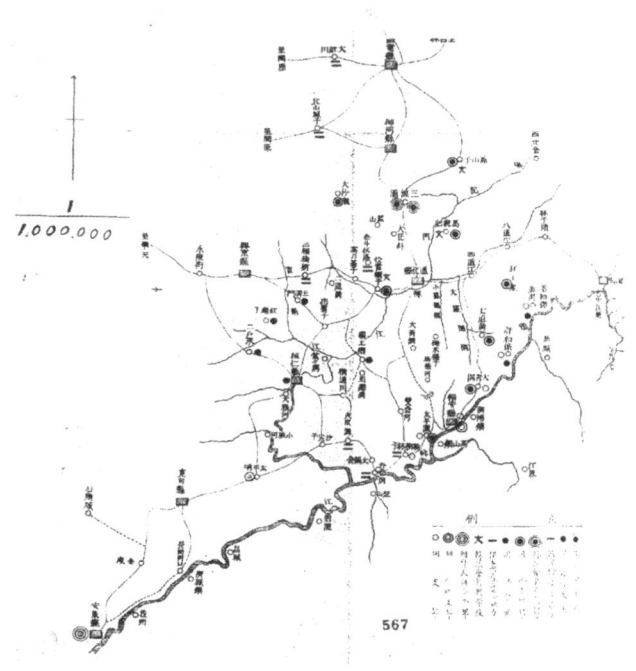

_ 일본이 그린 서간도 한인 거주지 지도(1919년)

이다. 삼원포는 세 개 물길이 합쳐지는 곳이다. 그래서인지 김동삼의 맏며느리 이해동은 삼원포를 삼합포라고 기억했다. 내앞마을 사람들은 다른 대부분의 안동 사람들과 마찬가지로 유하현 삼원포, 대고산大孤山 자락과 그 언저리에 자리를 잡았다.

일행이 항도촌에 머물 동안 김형식과 이준형이 미리 파견되어 유하현 현지에 머물 장소를 찾았다. 그 춥고 긴 겨울을 지나 4월 11일 김대락 일행은 다시 유하현으로 움직였고, 19일 마침내 삼원포 대고산 동쪽 발치의 이도구에 터를 잡았다. 대고산 바로 서쪽 아래에 추가가鄒家街 마을이 있다. 김대락은 얼마 뒤에 남산南山으로 옮겼다가, 다시 합니하哈泥河로 옮겨 살았다. 한편 김동삼과 이원일의 가족들은 삼원포에서 남쪽으로 십 리 떨어진 만리구[萬里溝, 마록구, 지금의 유남柳南]에 자리를 잡았다. 이웃마을이다. 그곳에서 1911년부터 10년 동안 살았던 이해동은 "우리가 도착하였을 때는 인종도 드물고 황량하기 짝이 없었다. 우리 집과 선후하여 이곳에 도착한 이주민은 그때 20호 가량으로 기억되는데"라고[13] 회상하였다. 그때 만주가 어떤 형편이었던가 쉽게 짐작할 수 있다.

내앞마을 사람들이 삼원포 일대에 터를 잡은 뒤 맨 먼저 펼친 일은 독립운동의 기지를 건설하는 기초를 만드는 것이었다. 당장 살아남는 것도 벅찬 일이었지만, 그래도 떠날 때

《고등경찰요사》. 안동 사람들의 망명 기획 사실을 보여준다.

다짐한 목표를 잃지 않았다. 기지를 건설하려면 우선 동포사회가 형성되는 텃밭을 만들어야 했다. 동포사회가 만들어져야 독립군을 길러낼 수 있기 때문이다. 그래서 그들은 동포들에게 이주를 권고하는 운동을 펼쳤다. 김대락과 이상룡의 일기에 보면, 안동문화권의 인사들이 가족을 이끌고 속속 항도천으로 집결했다거나 뒷날 유하현 삼원포에 도착했다는 사실이 적혀 있어 이를 증명해준다. 더 뒷날 1934년에 조선총독부 경북경찰부(지금의 경북지방경찰청)가 출판한 《고등경찰요사高等警察要史》에는 김형식·김정식·김규식과 이봉희·이준형 등 십여 명의 치열한 활동이 경북 북부 지역에서 많은 동포로 하여금 만주 지역으로 이주하는 원인이 되었고, 그 결과 1911년에 2천 5백여 명을 이주시켰으며, 또 1920년대 말에 들어서는 이 지역 망명 동포가 2만 5천 명이나 되었다고 적혀 있다. 내앞마을 사람들의 활동을 알려주는 자료가 아닐 수 없다.

내앞마을 사람들이 맨 처음 조직하고 참여한 독립운동 단체는 경학사耕學社와 신흥강습소다. 경학사는 독립운동 기지의 첫발인 동포사회를 만드는 조직이었고, 신흥강습소는 인력을 길러내는 학교였다. 《백하일기白下日記》에 따르면 신흥강습소는 1911년 5월 25일, 경학사는 한 달 뒤인 6월 22일에 설립되었다.

먼저 경학사부터 살펴보자. 이를 조직한 장소는 흔히 삼원포 대고산이라 부르지만, 〈경학사취지서耕學社趣旨書〉에서는 그곳을 은양보恩養堡라고 적었다. 경학사는 동포사회를 형성하고 운영해 나가는 자치조직이자, 망명해 오는 동포들에게 정주할 여건을 만들어 주는 단체였다. 밖으로는 만주족을 비롯한 중국인들과 충돌을 피하면서 정착할 수 있도록 협의해야 했고, 안으로는 뒤를 이어 망명하거나 이주하는 한인들을 위해 집과 땅을 교섭하는 일을 맡아야 했다. 그런데 만주 사람들이 가로막고 나서면서 일이 어렵게 되었다. 한인들이 옮겨오면 일본군이 따라 들어온다는 이유 때문이었다. 더구나 서간도에서는 북간도와 달리 한인들이 토지를 마음대로 구입할 수가 없었다. 따라서 농사지을 땅도 빌려야 했다. 이런저런 많은 일들이 이들 앞에 가로놓여 있었다. 경학사는 망명 첫해 예상도 못한 갖가지 난관에 부딪쳤고, 이를 풀어나가야만 했다.

또 경학사가 해내야 할 중요한 과제는 중간 교통로를 확보하는 것이었다. 물론 사이사이에 연락책이 있어서 새로 망명하는 사람들을 릴레이 형식으로 인도하고 있었지만, 그것보다는 고정적인 연결점으로 여관을 만들어 두는 것이 편리했다. 말이 통하지 않는 곳이니 동포들이 운영하는 객점은 편리하고도 반가운 거점이었다. 그래서 안동·회인·통화 등에 여관을 설치하여 동포들의 이주 통로를 확보하였다.

경학사를 만들고 움직인 핵심에 안동 사람들이 두드러졌다. 초대 사장으로 뽑힌 인물이 바로 이상룡이요, 류인식이 교육부장을 맡았던 것이다. 내앞마을 사람으로는 김동삼이 조직과 선전을 맡아 활약하였으며, 김형식도 활발하게 움직였다. 더구나 원로인 김대락도 힘을 보탰다. 서울에서 온 이

〈경학사취지서〉

회영은 내무부장, 이동녕은 재무부장, 장유순은 농무부장을 맡았다. 그러니 신민회의 독립군 기지 건설에 안동 출신 인사들이 핵심적인 위치에 있었다고 말하는 것이 지나치지 않은 것이다.

사장이 된 이상룡은 〈경학사취지서〉를 지어 발표하였다. 한국의 오랜 역사를 이야기하면서, 나라 잃는 과정에서 제대로 대처하지 못한 아쉬움을 토로하고, 나라가 망할 때 자결하지 않은 것은 나라를 되찾을 새로운 길을 찾고자 하였음에 그 이유가 있다는 뜻을 말하였다. 또 이집트와 월남의 비극을 말하는 한편으로, 네덜란드가 스페인으로부터 독립한 역사를 들어 희망을 말하면서, 조상의 땅인 만주에서 힘을 길러 독립을 쟁취할 때까지 뭉쳐 나아가자고 호소하였다. 그리고 경학사라는 이름으로 출발하는 다짐과 한 걸음씩 차

분하게 나아갈 것을 권했다.[14]

　그러나 첫해에 흉년으로 고통을 겪게 되자, 망명객들의 삶은 볼품이 없게 되었다. 풍토병으로 아이들이 갑자기 숨지고, 하루하루 먹는 문제조차 해결하기 힘들게 되면서 그 모습은 상거지 꼴로 변해 갔다. 고향으로 사람을 보내 남은 땅을 급하게 팔아 자금을 마련해 오도록 했다. 그런 고통을 견뎌내면서 차츰 안정을 찾아갔고, 그 소식에 동포들이 하나 둘 모여들기 시작했다. 독립운동을 목적으로 삼고 떠난 지사들이야 그렇다 하더라도, 가족들의 고난은 이루 말로 표현하기 힘들 지경이었다. 안동 출신을 비롯하여 독립운동을 목표로 삼은 망명객들은 대개 양반 출신이어서, 그 가족들이 국내에서 힘든 생활을 보낸 경우는 적었다. 그러다가 남편과 어른을 따라나선 가족들의 고난은 너무나 심각하였다. 풍토병으로 목숨을 잃는 가정이 늘어갔다. 그런 난리와 고난 속에서도 독립군 기지를 건설하겠다는 망명지사들의 꿈은 수그러들지 않았다.

　경학사는 1913년에 문을 닫은 것으로 보인다. 이상룡의 기록에 그때까지만 등장하기 때문이다. 그리고 바로 이어서 광업사廣業社가 등장한다. 이 조직은 논을 개간하여 동포사회의 농업을 발전시키는 데 목표를 두었다.

2) 신흥강습소에서 신흥무관학교로

신흥강습소는 김대락이 삼원포에 도착한 지 한 달이 지난 5월 25일에 문을 연 학교다. 김대락은 이날의 일을 "오늘이 개학이라 하여 이서방(이문형)과 어린 손자가 함께 추가가의 신흥학교에서 수학하였다."[15] 라고 썼다. 삼원포에 도착하기 앞서 잠시 한겨울을 넘기려고 머물렀던 항도촌에서도 학교를 열었던 그들이니, 약속의 땅에 도착해서 서둘러 학교를 여는 것은 당연한 일이 아닌가. 농부가 씨앗을 뿌리는 것과 마찬가지로, 독립군을 기르자면 학교부터 세우는 것이 마땅한 순서다. 그래서 문을 연 것이 신흥강습소였다. 뒷날 신흥무관학교로 알려지게 되는 그 학교다. 신흥학교라거나 신흥중학교로도 알려지지만, 실제 바깥으로 무관학교라는 이름을 사용할 수는 없었다. 중국의 감시를 받는 처지라 무관학교라는 태를 낼 수는 없었지만, 동포들은 무관학교로 여겼다.

이상룡이 쓴 〈만주기사滿洲紀事〉라는 글에는 경학사와 '신흥숙新興塾'을 노래하면서 다음과 같이 '군사학술 교련청년'이란 설명을 덧붙였으니, 신흥강습소·신흥학교가 무엇을 지향하였는지 확연히 알 수 있다.

추가가에서 결사하니 충심은 굳고　　　鄒街結社衷心堅
　　　밭 갈고 배우는 일 취지 모두 완전했다　耕學雙方趣旨全
　　　모든 정신 신흥학교에 쏟아 부어　　　精神盡注新興塾
　　　양성한 군사 비호보다 날랜 오륙백　　養得狌狋過半千

　　　○신해년 여름, 경학사를 결성하고 신흥강습소를 열어 군사 학술 과목으로 청년들을 교련하였다. 辛亥夏 結耕學社 設新興講習所 以軍師學術 敎鍊靑年

　신흥학교가 문을 열자 김대락은 나이 든 원로로서 격려하기 위해 〈권유문勸諭文〉을 써 보냈다. 안동문화권에서도 가장 보수적이었던 그가 하루아침에 혁명적으로 사상을 바꾸면서 구국계몽운동에 동참하고, 한 걸음 더 나아가 집안을 모두 이끌고 만주로 망명할 때는 모든 것을 오로지 하나에 걸었던 셈이다. 오로지 하나, 그것은 다름 아닌 나라를 되찾는 길이었다. 그는 〈권유문〉 첫머리에서 "쇠와 돌은 부서지고 깨질지 몰라도 자유를 향한 열정은 깎아 낼 수 없고, 큰 쇳덩이가 앞에 있어도 진보하는 단체가 가는 길을 막을 수 없다."고 전제한 뒤에, 서양의 콜럼버스·크롬웰·워싱턴·나폴레옹·피터 대제의 사례를 들어 학업에 힘쓰라고 촉구

〈권유문〉. 김대락이 신흥학교 학생들에게 학업에 힘쓰라고 격려한 글

하였다. 그리고 마지막에는 다음과 같이 글을 맺었다.

> 일을 처리하고 계책을 내는 것은 책을 보지 않으면 불가능하며, 옛일을 거울삼아 뒷날의 경계로 삼는 것도 책을 보지 않으면 쉽게 미혹된다. 부지런하고 굳세게 주인된 의식을 정신으로 불러들이고 한 자字 한 구句를 철저히 공부하여 책상 앞으로 나라의 혼魂을 불러들인다면, 이 한 보잘 것 없는 학교에서도 서양의 장상將相이 나오고 한 조각 동쪽 반도

에서도 구미歐美의 전체 상황을 볼 수 있을 것이니, 우리도 서양이 갔던 길을 걸어가 도탄에 빠진 백성들을 구하고 원수의 나라를 제압하여 우리 조상의 뒤를 이음에 욕됨이 없게 하여야 할 것이다. 그리하여 개선凱旋하는 날 내 집을 집으로, 내 나라를 나라로 삼으며, 세계 평화가 온 뒤에는 저는 저대로 나는 나대로 공존할 것이다.

하늘과 땅이 다시 열리는 운회運會의 시기를 놓쳐서는 안 된다. 세월은 물이 흐르는 것 같다. 책을 펴는 한 순간도 아껴야 한다. 만일 한 가지 일이라도 소홀하면 주린 호랑이에게 내 몸을 던져주는 꼴이 될 것이며, 한 생각이라도 혹 태만히 하면 독을 마시고 오래살기를 비는 격이 될 것이다. 아아, 그대들이여, 힘쓰지 않아서야 되겠는가![16]

신흥학교는 1912년 6월 7일에 새로 터를 열고 문을 열었다. 이미 유하현·통화현·흥경현興京縣·환인현桓仁縣 등 압록강 건너편 지역에 한인들이 줄지어 옮겨 살고 있었고, 또한 흉년을 이겨내기 위해 새로운 농지를 찾고 개척해야 했다. 그러자면 중국인들이 적은 곳으로 옮겨 새 터를 장만하는 것이 마땅했다. 통화현 합니하에 토지를 구입하고 새로 학교를 열게 된 데에는 그런 이유가 있었다. 김대락 일가가 이곳 합니하로 옮겨간 때는 삼원포에서 열 달 정도 지난 1912년 2월 8일이었다. 그리고서 넉 달이 더 지난 6월에 이 학교가 문을 열었고, 바로 그날 김대락은 다음과 같이 적었다.

김대락의 《백하일기》 임자록 6월 7일자

이날은 바로 새 학교 건물이 낙성하는 날이다. 모인 사람이 100여 인이고 학생으로 졸업하는 사람이 7인인데 모두 상품을 받았다. 취지서와 축사를 연설하고 노래를 부른 뒤 만세를 불렀다. 이는 그 회의 가운데 진화한 절차였다. 구경한 청나라 사람이 또한 수십 인인데, 모두 부러워하며 탄복하는 기색이 있었다. 저녁이 다가도록 질탕하게 보냈으니, 통쾌하게 한 번 적적함을 깨트린 자리였다.[17]

이때 그는 70세를 눈앞에 둔 원로여서 신흥학교를 실질적

신흥무관학교 터. 합니하(위)와 고산자(아래)

으로 이끌어가는 인물은 아들 김형식이었다. 신흥학교 초대 교장은 이상룡이 맡았는데, 내앞마을 사람으로는 앞서 본 것처럼 김대락의 정신적 지원이 컸고, 그의 아들 김형식, 조카 김규식과 집안 조카 김동삼의 참여는 말할 것도 없었다. 손자 김창로도 부지런히 학교 일을 도왔다. 또 이 학교를 졸업한 내앞마을 사람으로는 김정로·김성로金成魯(김규식의 아들)·김성로金聲魯가 대표적이다. 그 뒤 다시 고산자孤山子에 땅을 사들여 학교를 신축하고 분교를 두기도 했다. 이것이 신흥중학교·신흥무관학교로 발전하여 독립군을 양성하고 청산리대첩을 세우는 기초가 되었던 것이다.

김대락은 다시 삼원포로 옮겼다. 합니하에서 꼬박 1년을 살다가 1913년 2월 삼원포 남산촌으로 옮긴 것이다. 합니하는 통화현에서도 깊숙한 곳이다. 하지만 이곳에는 안전 문제가 도사리고 있었다. 비교적 외진 곳이라 마적의 등장에는 어찌할 방법이 없었던 것이다.

1911년 망명한 뒤 경학사와 신흥학교는 독립운동의 기지를 갖추어 가는 첫걸음이었다. 그런데 첫해부터 흉작에 시달리면서 숱한 어려움을 겪게 되었다. 동포사회를 만들자면 동포들을 끌어와야 하고, 그렇게 옮겨오는 사람들에게는 알맞은 곳을 골라 자리를 잡도록 도와야 한다. 또 그들을 묶어

세우는 일이 다음 단계다. 그러자면 국내로 사람을 드나들게 만들고, 이들이 오가며 묶을 수 있는 연락 거점이 확보되어야 한다. 이를 운영할 자금도 필요하고, 거기에 들어갈 생필품과 의약품 등 모든 것을 공급해야 한다. 그렇게 동포사회가 조금씩 자리를 잡아가도록 하면서 조직체를 운영해야 하는데, 경학사가 목표로 삼은 일들이 바로 이것이었다. 하지만 망명하자마자 닥친 흉작은 이러한 경학사의 목표를 첫걸음부터 힘들고 더디게 만들었다. 김대락이 손자를 국내로 보내 자금과 사람을 구해오게 만든 것이나, 1912년 류인식이 국내로 들어와 자금을 모으다가 경찰에 구금된 것도 이런 과정에서 빚어진 일들이었다. 그런 노력이 있었지만 기대한 만큼 선뜻 진도가 나가지 않자 경학사는 주저앉게 되었다.

3) 공리회와 부민단

새로운 길을 찾아 나섰다. 그것이 바로 1913년에 출범한 공리회共理會였다. 설립 날짜를 6월 7일로 보는 견해가 있는데,[18] 그 근거는 김대락이 쓴 〈공리회취지서共理會趣旨書〉가 완성되었다고 기록한 그의 일기다.[19] 꼭 그날은 아니더라도 1913년 6월 무렵에 공리회가 조직되었다고 보는 것이 좋겠다. 공리회가 말하는 공리에 대해 김대락은 이렇게 썼다.

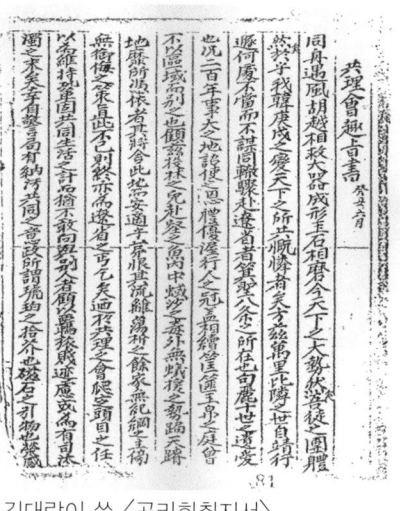

김대락이 쓴 〈공리회취지서〉

"한 집안에는 한 집안 공동체가 있고, 한 마을에는 한 마을 공동체가 있다. 이처럼 한 지방에는 한 지방 공동체가 있고, 천하에는 천하 공동체가 있는 것이다. 가령 갑자기 도로에서 만난 관계라도 정감이나 얼굴이 익숙한 듯하다던가, 혹은 우연히 횡액을 만났는데 한 집안 사람처럼 황급히 구원하였다면 이것이 바로 공화共和이고 공리共理다. 공경과 의리에 신의를 함께 더하는 일도 이 속에 있을 것이니, 이것이 또한 이른바 공화의 근본이요, 공리의 효험이다. 모든 우리 동지들이 어찌 다 함께 힘쓰지 않겠는가?"[20]

이 글은 공리회가 만주 지역에 뿌리를 내리고 확산되어 가고 있는 동포사회를 공동체로 묶고 살려서 나라를 되찾는 바탕을 이루어 보자는 뜻을 담았음을 보여준다. 이것이 가리키는 방향은 앞서 설립되었던 경학사보다 한 걸음 더 나갔다. 그 조직 방향을 보면 십가장十家長-백가장百家長-천가장千家長 식으로 구성되거나 추구했다는 점이 눈길을 끈다. 현실적으로 이미 여러 호구가 자리를 잡고 있고, 열 집을 묶어 하나의 단위를 형성할 수 있는 단계에 이르렀다는 말이다. 이러한 조직 구성 이야기는 1년 앞서 신흥학교에 보낸 〈권유문〉 가운데에도 "한 사람부터 시작해서 열 사람이 모이면 열 사람의 단체가 되고, 열 사람으로 시작해서 백 사람이 모이면 백 사람의 단체가 된다."라는 구절이 있어 비슷하다는 느낌을 받는다. 물론 〈권유문〉에 나오는 글귀는 단결의 뜻이 강하고, 나라를 되찾기 위해 힘을 기르고 모으자는 의미이다. 그렇지만 〈공리회취지서〉에 보이는 조직 구성 방법 또한 작은 조직을 엮어 중간 조직으로, 다시 이를 엮어 큰 조직으로 만들어 가자는 것이었다. 만약 만주 지역에 한인들의 터전이 마련되지 않고 있었다면 십가장이니 백가장이니 말하는 것조차 의미가 없는 일이었을 것이다. 뒤집어 말하면 공리회를 구상하고 출범하는 단계에서는 경학사 시절보다 더 많은 한인사회가 형성되어 가고 있었다는 사실을 알 수 있다. 따라서 이들이 앞으로 '천가장'까지 선출할 수 있는 규모를 갖추어 갈 예정이자 그것을 목표로 삼고 있다는 방향성을 알 수 있는 것이다. 이러한 사실은 곧 경학사의 노력이 헛되지 않았음을 보여주는 것이라 평가할 수도 있다.

공리회의 지도자와 체제를 알려주는 구체적인 자료는 보이지 않는다. 다만 이상룡이 〈만주기사〉라는 시를 짓고서 "경학사가 끝난 뒤에 국부局部를 묶어 분치分治 체제를 갖추었는데, 이를 비난하는 소리도 많았다."라는 설명을 덧붙인 데서 그 체제를 짐작할 수 있다. 이는 곧 1913년부터 여러 곳에 호구나 마을 단위로 자치 기구를 두고 이를 묶어서 통솔하는 체제로 나아가고 있었다는 사실을 알려주는 것이다.

또 이 취지문이 공리회를 조직하면서 나온 것이라고 본다면, 지도부를 예상할 수도 있다. 결성 주역이 왕삼덕과 김동삼이라고 전하는 주장도 있지만,[22] 오히려 김대락이 회장이었을 것이라는 주장이 더 설득력을 지닌다. 앞의 두 사람 나이가 한인동포사회를 하나의 공동체로 묶어 나가기에는 젊다는 점과, 1914년에 김동삼이 백서농장을 일구어 빠져나간 사실, 공리회의 취지문을 쓴 인물이 원로 김대락이라는 사실 등이 그 이유로 일컬어진다.[23)] 김대락은 1914년 12월 10일 마지막으로 살던 삼원포 남산촌에서 생을 마감했다. 그러니 공리회가 그의 마지막 활동 무대가 된 셈이다. 그의 뒤를 이어 공리회장을 맡은 이는 성산性山 허겸許蒹(魯·爀·煥)이다. 허겸은 의병장 허위의 셋째 형이다. 김대락이 숨진 뒤에 그 자리를 이어받은 것으로 이해되는데, 대개 1915년일 것이다. 그리고서 한 해 지나 1916년에 부민단扶民團이 조직되면서 공리회가 거기에 통폐합된 것으로 보인다.

부민단은 동포들을 서로 껴안고 부축하고 함께 가자는 뜻을 이름에 담았다. 경학사가 초기 정착 단계의 조직이라면, 공리회는 정착하기 시작한 지역을 단위로 묶어가던 것이요, 부민단은 여러 곳의 자치 기구를 통폐합한 것으로 이해된다. 제1차 세계대전을 지켜보며 한편으로는 중일전쟁을 기대하면서, 다른 한편으로는 어려운 동포사회를 굳건하게 엮어 나가려고 만든 조직이다. 여기에서도 내앞마을 사람들의 위상이 드러난다. 기록에 따라서는 초대 단장으로 허혁이나 김동삼이 등장하고, 서무부장을 김형식이 맡았다고 전해지기 때문이다. 여기에 등장하는 허혁은 의병장 허위의 형 허겸이며, 안동에 이웃한 진보(지금의 청송군 진보면)에서 의병장으로 활동했던 인물이다. 부민단에는 남만주에 터를 잡은 안동 사람들이 거의 모두 참가하였다. 김형식과 김동만을 비롯한 내앞마을 사람들이나 이상룡의 문중 인물들이나 가릴 것 없이 대부분 그랬다. 예를 들자면 남후면 대곡마을 출신 권기일權奇鎰은 부민단의 정치외교위원이었다.

부민단은 얼마 지나지 않아 부민회로 개편되었다. 유하현·통화현·흥경현(지금의 신빈현)에 한인사회가 크게 늘어남에 따라 이를 통할하는 유하현은 유동柳東과 유서柳西, 통화현은 통동通東과 통서通西로 나눠 단총團總을 두고, 만주족이 많이 사는 흥경현에는 흥경단총興東團總만 설치하였다. 그 아래 10호와 100호 단위로 나누고, 10호에 패장牌將 또는 십가장, 100호에 구장區長 또는 백가장을 두었다. 이를 보면 공리회가 마을과 지역을 묶었던 방법과 다르지 않았음을 알 수 있다.

부민단이 부민회로 확대·개편되면서, 본부를 통화현 합니하에서 삼원포 북쪽 고산자로 옮겼다. 이를 따라 합니하에 있던 신흥학교도 본부를 이곳으로 옮기고, 합니하에는 분교를 두었다.

4) 백두산 서쪽에 건설한 비밀병영 백서농장

백서농장은 내앞마을 사람의 존재가 강하게 드러나는 조직이다. 백서농장이 건설되기 시작한 때는 1914년 가을이다. 그해 7월에 제1차 세계대전이 터지자, 이것이 중일전쟁으로 이어질 것을 대비해 빨리 군대조직을 만들어야 했다. 그러자면 신흥강습소와 신흥학교를 거치면서 길러진 신흥학우단을 재빨리 군대로 개편해야 했다. 하지만 군대를 만들어도 이들은 먼저 자급자족해야 하는 과제를 안고 있었다. 정상적인 국가의 군대가 아니었으므로, 스스로 농사지어 먹을 것을 구해야 하는 것이 그들의 처지였다. 상설 부대를 운영할 만큼 재원이 마련되어 있지 않았으므로, 졸업생들을 정규군에 가까울 정도로 훈련도 시키면서 부대를 유지하자면 이들 스스로 먹고 입는 것을 마련하도록 해야만 했던 것이다. 더구나 비밀도 유지되어야 했다. 중국인들조차 그 존재를 모르도록 외진 곳을 골라야 했다. 백서농장이 깊고도 외진 곳에 자리를 잡은 이유가 거기에 있었다.

백서농장의 주역은 내앞마을 출신 김동삼이었다. 그는 신흥학교 졸업생을 이끌고 산속으로 들어갔다. 그리고 반년이 지난 1915년 봄에 군영을 완성시켰다. 소백차小白盆에서 벌목을 시작하여 수천 명의 병력을 수용할 수 있는 군영을 만

백서농장. 김동삼이 장주를 맡아 이끌던 비밀병영

들어낸 것이다. 신흥무관학교 졸업생 원병상은 〈백서농장사白西農庄史〉라는 글에서 제1회부터 4회까지의 졸업생과 각 분교, 지교, 노동강습소에서 온 385명의 훈련된 청년들이 백서농장의 주축이 되었다고 알려준다. 다만 밖으로는 단순하게 농장으로 보여야 하니, 이에 따른 이름이 백서농장白西農庄(農莊)이었다. 이를 군영이라고 부르지 않고 농장 또는 서장西庄이라 부른 것은 신흥학교와 마찬가지로 지방당국의 감시와 간섭을 면하기 위한 조치였다. 흥경현공서興京縣公署 문서에 '백운산장白云山莊', '백설산장白雪山莊'이라고 적혀 있는 점으로 보아, 중국 지방 관리들은 그 존재를 산속의 농장으로 알고 있었음을 알 수 있다.

백서농장의 위치는 명확하지 않아 세 군데가 지목되고 있다. 소백채구小白菜溝, 통화현 제8구의 팔리초八里哨 5관하管下에 있는 소백차, 그리고 유하현 대전자향大甸子鄕 팔리초 임장林場마을 등이 그곳이다. 이 가운데 통화현 팔리초의 소백차가 맞을 가능성이 커 보인다. 백두산 서쪽 깊은 산록의 사방 200리에 사람의 자취가 없는 고원평야에 만들어진 독립군 부대 백서농장은 교통이 아주 불편한 곳이다. 가까운 삼계산 정상에서 맑은 날에는 멀리 백두산이 보일 정도의 거리이고, 주변은 확 트인 고원이다. 그곳에 집을 짓고 농사를 지으면서 군대를 운영하였다. 백서농장을 보여주는 사진이 한 장 남아 있다. 너무나 희미하여 제대로 알아보기 힘들지만, 왼쪽 뒤편으로 집 몇 채가 흐리게 드러난다. 그 앞으로 넓은 밭에 대원들이 밭을 갈고 있고, 말을 탄 인물도 보인다. 사진 중간 앞쪽에는 한 사람이 익살스럽게 팔베개하고 누워 사진을 찍었다. 너무나 흐려서 마치 꿈속에 보는 그림인 것만 같다.

이 조직을 이끈 최고 지도자인 장주莊主가 김동삼이었다. 신흥무관학교 졸업생이 주축이 된 것을 보면 김성로金成魯·

김성로金聲魯·김정로를 비롯하여 이광민·이형국 등 안동 사람들도 포함되었으리라 짐작된다. 또한 황병우·황병탕·황병일·황덕영 등과 같은 신흥학교 졸업생으로 내앞마을 친인척이 되는 인물들도 그랬을 것이다. 박의열·이규동·이목호·박명진·김사순·권중봉·권준 등, 안동문화권 출신 신흥무관학교 졸업생들도 마찬가지다. 간부진용에 드러나는 사람으로는 제3중대 3부관을 맡은 김동진金東振이 안동 출신으로 알려지고, 같은 부관 가운데 이수철李壽喆은 영해, 규율대의 김진화金進華는 울진 평해 사람이다.

장주庄主	김동삼
훈독訓督	양규열梁圭烈(양재훈梁在薰)
총무總務	김정제金定濟
의감醫監	김환金煥
경리經理	김자순金子淳
수품需品	곽문郭文
외무外務	정선백鄭善伯
농감農監	채찬蔡燦(백광운白狂雲)
교관敎官	허식許湜(허영백許英伯)·김영윤金永胤·김동식金東植·강보형康保衡

교도대장	이근호李根浩
1중대장	안상목安相睦
부관	이종옥李鍾玉
2중대장	박상훈朴相勳
3중대장	김경달金敬達
부관	차용육車用陸 · 이수철 · 김동진
규율대장	신용관辛容寬 · 김일화金日化 · 김진화

그런데 백서농장을 가로막는 장애물이 있었다. 영양실조와 질병이 가장 강한 적이었다. 비밀리에 존립해야 하는 군영이라서 농사가 어려운 산간벽지를 골랐는데, 그러다보니 환경이 병력을 기르기는커녕 생존 자체가 위협받을 정도였다. 물과 흙이 체질에 맞지 않아 열병이 유행하고, 위병 · 심장병 · 천식 · 폐병 등 숱한 질병이 생겼다. 김동삼의 며느리 이해동은 풍토병으로 친정 숙부 이원행과 고모 두 사람이 목숨을 잃었다면서, 열혈 청년이던 숙부가 변을 당하지 않았다면 독립운동에도 적극 참가했을 것이라고 아쉬움을 기록할 정도였다. 이원행이 죽은 때가 1914년이고, 그 이듬해에 두 여동생이 연달아 죽는 비극이 이어졌다. 게다가 농사로 거두어들인 곡식마저 넉넉하지 않아 젊은 독립군들이 영

_ 백서농장 전시 모형(안동독립운동기념관)

양실조에 빠지는 형편이었다. 그래서 1919년 한족회韓族會는 백서농장의 문을 닫기로 결정하고, 3·1운동 직후에 병력을 동포사회 가까이로 이동시켜 새로 서로군정서西路軍政署를 구성하면서 여기에 편입시켰다. 그들이 이듬해인 1920년 봉오동·청산리전투에서 승첩을 거두게 된다.

부민회가 동포사회를 묶어 운영하던 무렵, 시사연구회라는 조직이 나타나기도 했다. 연구회라는 이름으로 보아 제1차 세계대전을 지켜보면서 독립전쟁을 위한 전략을 마련하는 데 그 목적이 있었던 것 같다. 여기에 김동삼은 부민단을 대표하여 참석했다. 그밖에 이탁李鐸과 신흥학교에서 김창환金昌煥 · 성준용成駿用, 신흥학우단에서 허식 · 김석金石 등이 참가했다. 이들은 국제 정세의 변화를 정확하게 파악하고 분석해야 한다고 판단하였다. 그래서 정보 수집과 검토를 위해 지역별로 책임을 나누어 맡았다. 이때 김동삼은 강원도와 경상도를 맡았다. 지역별로 정리된 정보를 바탕으로 알맞은 항일방략을 세워 나가던 이들의 활동은 새로운 조직으로 나아갈 필요성을 제기하기에 이르렀다. 이것이 1918년 11월 11일 독일 항복으로 제1차 세계대전이 끝나자마자 새로운 독립운동의 구심체 결성으로 나타났으니, 바로 1919년 3월 조직된 한족회라는 자치정부 조직체였다.

---

12) 조동걸, 〈전통 유가의 근대적 변용과 독립운동 사례: 안동 천전문중川前門中의 경우〉, 《안동역사의 유교성향》 우사 조동걸 저술전집 12, 역사공간, 2010, 120쪽.

13) 이해동, 《만주생활 77년》, 명지출판사, 1990, 33쪽.

14) 김희곤, 《안동사람들이 만주에서 펼친 항일투쟁》, 지식산업사, 2011, 63쪽.

15) 안동독립운동기념관 편, 《국역 백하일기》, 경인문화사, 2011, 89쪽.

16) 안동독립운동기념관 편, 《국역 백하일기》, 경인문화사, 2011, 132쪽.

17) 안동독립운동기념관 편,《국역 백하일기》, 경인문화사, 2011, 256쪽.

18) 조동걸, 〈전통 유가의 근대적 변용과 독립운동 사례: 안동 천전문 중川前門中의 경우〉,《안동역사의 유교성향》우사 조동걸 저술전집 12, 역사공간, 2010, 127쪽.

19) 안동독립운동기념관 편,《국역 백하일기》, 경인문화사, 2011, 327~333쪽.

20) 안동독립운동기념관 편,《국역 백하일기》, 경인문화사, 2011, 332~333쪽.

21) 안동독립운동기념관 편,《국역 석주유고》상, 경인문화사, 2008, 216쪽.

22) 이강훈,《무장독립운동사》, 서문당, 1975, 75쪽.

23) 조동걸, 〈전통 유가의 근대적 변용과 독립운동 사례: 안동 천전문 중川前門中의 경우〉,《안동역사의 유교성향》우사 조동걸 저술전집 12, 역사공간, 2010, 128~129쪽.

6

3·1독립선언과 민정부·군정부 설립

1) 대한독립을 선언하고, 대한민국 건국에 참여하다

1919년 2월 8일 도쿄에서 한인유학생들이 조국의 독립을 선언했다. 이어서 3월 1일 국내에서 역시 독립을 선언하였고, 이어서 온 나라로 확산되었으며, 나아가 나라 밖으로도 퍼져나갔다. 한국인들이 거주하는 세계 모든 곳에서 독립이 선언되었다.

독립선언은 제1차 세계대전을 마무리 짓는 회의가 프랑스 파리에서 열린다는 소식을 들은 독립운동가들이 선택한 방법이었다. 파리강화회의에 한국대표를 보내 한국문제를 다루도록 해 보자는 것이 활동 방향이었고, 이를 위해 모든 겨레가 독립을 선언하고 민족자결주의를 내세워 한국문제에 적용시켜 보자는 속셈이었다. 상해와 블라디보스토크, 워싱턴 등지에서 활동하던 독립운동가들이 부지런하게 움직여

선언을 발표하였다.

상해 지역 독립운동가들은 파리에 보낼 대표로 김규식을 지목하고, 그를 지원할 방법을 찾았다. 그러나 그가 파리에 한국대표로 가더라도 강화회의가 한국문제를 다룰 리 없었다. 국제적으로 홍보력이 훨씬 강한 일제가 한국문제를 상정할 이유가 없다고 선전하고 있었던 터였고, 더구나 승전국의 식민지에 적용할 원칙도 아니었기 때문이다. 하지만 최선을 다해보자는 것이 독립운동가들의 뜻이었다.

독립선언은 도쿄 유학생들이 2월 8일 시작하였다. 그 다음으로 3월 1일 서울과 평양 등 국내 주요도시에서 일어난 독립선언은 5월말까지 한국인들이 있던 세계 모든 곳에서 만세운동 형태로 진행되었다. 이를 3·1운동이라 표현하지만, 가장 중요한 사실은 세계열강에게 한민족이 '독립을 선언'했다는 사실이다. 안동에서도 당연히 독립을 선언했고, 만주에서도 마찬가지였다. 더구나 독립군 기지를 건설하려고 만주로 망명한 안동 사람들이야말로 이 운동을 외면할 리가 없었다.

가장 눈길을 모으는 것은 길림에서 발표된 〈대한독립선언서大韓獨立宣言書〉이다. 이것이 나온 시기는 대개 3·1운동 소식이 막 전해지던 3월 11일로 짐작된다. 선언서 끝에는 그

〈대한독립선언서〉(위)와
이름에서 이상룡·김동삼 부분 확대(옆)

냥 '2월'로만 적혀 있지만, 그곳에서 활동하던 정원택鄭元澤이 남긴 《지산외유일지志山外遊日誌》에 따르면 이 선언서가 3월 11일(음 2.10)에 인쇄되어 발송되었다고 적혀 있기 때문이다.

이 선언서는 서울에서 발표된

것과는 다르게 이름부터 〈대한독립선언서〉였다. '대한大韓'이라는 국호를 내세우며 독립을 선언한 것이다. 이것을 작성한 주체는 대한독립의군부大韓獨立義軍府였다. 이는 세계대전의 종전과 파리 대표 파견 소식을 듣고서 만들어진 독립운동 조직으로, 여준이 총재로 활동하였다.

이 선언서는 1917년에 나온 〈대동단결선언大同團結宣言〉과 비슷한 내용이다. 두 가지 모두 조소앙이 지은 것으로 알려지는데, 한국이 완전한 자주독립국이자 민주 자립국임을 선언하고, 일본이 한국을 사기와 무력으로 강제로 병합하였으므로 '병합'이 무효라고 주장하였다. 또 경술국치는 일본에게 대한제국을 넘겨준 것이 아니라 융희황제가 주권을 포기하면서 그것을 국민에게 넘겨준 것이라 해석하였다. 또 이 선언은 일본을 '응징할 적'으로 규정하고, 독립군의 총궐기와 한민족 전체의 육탄혈전을 촉구하면서, 항일 독립전쟁은 바로 하늘의 뜻이자 대동평화를 실현하기 위한 신성하고도 정의로운 전쟁임을 천명했다. 이러한 논지는 2월 8일 도쿄에서 선언한 내용과 비슷했다.

이 선언서 본문 끝에는 발표 주체인 39명 대표자의 이름이 적혀 있다. 그 이름은 국내에서 발표된 선언서 서명자와 확연하게 다르다. 나라 안에서 발표된 독립선언서의 대표자가 국내에서 활동하던 종교인들이었다면, 이 선언서에 이름을 올린 대표자는 실제로 독립운동을 이끌어 가고 있던 최고 지도자들이었다. 김교헌·김규식·김동삼·김약연·김좌진으로 시작하여 조소앙·여준·이동녕·이동휘·이범윤·이상룡·이승만·이시영·박용만·박은식·신규식·신채호·안창호·조성환·허혁 등으로 이어졌다. 모두가 독립운동을 이끌던 최고 지도자들이었다. 여기에 내앞마을 사람으로 김동삼이 있었고, 안동 사람으로 이상룡도 들어 있었다.

서간도에서도 독립을 선언하는 만세운동이 일어난 것은 당연하다. 3월 12일 유하현 삼원포에서 만세운동이 일어난 것이다. 어디 그곳뿐이었으랴. 이웃 통화현이나 이상룡이 북상하여 터를 잡은 북쪽 화전현樺甸縣에서도 마찬가지였다. 내앞마을 사람들이 주로 모여 살던 서간도에서는 4월 초순까지 운동이 펼쳐졌다. 따라서 만주 지역 독립운동계는 흥분 속에 새로운 길을 찾았다. 한편 흔히 3·13운동이라 일컬어지는 북간도 용정의 만세운동은 이보다 하루 뒤인 3월 13일에 일어난 것이다.

3·1운동은 전체 독립운동계에 대단한 충격을 주었다. 긴장과 흥분에 가득 찬 독립운동가들은 새로운 변화에 맞설 조직체를 만들어가기 시작했다. 거기에는 '준정부' 성격을 가

진 조직도 곳곳에서 나타났다. 이미 1917년 〈대동단결선언〉에서 공화정체共和政體의 정부 조직을 만들자고 제안한 상태였다. 독립국가를 건설하고 이를 이끌어 갈 정부를 만드는 것이야말로 당연한 다음 순서였다. 마침 국내에서 발표된 독립선언서가 '조선은 독립국임과 조선인은 자주민임'을 첫머리에 들고 나왔으므로, 국가와 정부 수립은 모든 지역에서 관심을 갖고 추진하는 과제가 되었다. 마침 상해에서 국가와 정부를 세운다는 소식이 전해졌다. 나라 안팎에서 상해로 향하는 인물들이 줄을 이었다. 그 가운데 서간도에서 김동삼이, 국내에서 김응섭이 합류하였다.

상해에서 여운형이 중심이 되어 독립임시사무소를 열었다. 김규식이 2월 1일 상해를 떠나 파리로 간 뒤, 나라 안팎으로 독립선언을 요구하는 밀사들을 보냈던 상해 지역 인사들은 국내에서 들려오는 독립선언 소식에 흥분을 감출 수 없었다. 1910년대에 터를 잡고 활동하던 동제사同濟社와 신한청년당新韓靑年黨 인사들이 건물을 빌려 연락 업무를 맡았다.

마침내 4월 10일 대표자 회의가 열렸고, 이튿날 아침 10시까지 이어졌다. 그 자리에서 '대한민국'이란 이름을 가진 국가가 세워지고, 제헌헌법인 '대한민국 임시헌장'이 정해졌다. 대한민국을 세우되, 국토를 회복할 때까지는 '임시정부'

라는 정부 조직과 '임시의정원'이라는 의회 조직으로 꾸려 가기로 결정하였다. 이 자리에 참석한 29명 가운데 김동삼이 들어 있었고, 망명 직후에 함께 서간도에서 활약했던 이회영·이시영 형제도 있었다. 또 4월 22일과 23일에는 제2회 의회가 69명 의원이 참석한 가운데 열렸는데, 여기에 김동삼과 더불어 김응섭이 참석하였다. 풍산 오미마을 출신인 김응섭은 변호사 경력에 따라 법무차장에 이어 법무위원으로 뽑혔다. 그 뒤로는 이들 두 사람의 이름은 임시정부에 등장하지 않는다. 김동삼은 활동 근거지인 서간도로 곧 돌아갔고, 김응섭도 그해 여름 만주로 이동한 것 같다.

2) 한족회(민정부)와 서로군정서(군정부)

제1차 세계대전이 끝날 때 독립 기회를 잡으려 했지만, 결과는 그렇지 못했다. 패전하기만 바랐던 일제는 오히려 승전국이 되었다. 기다리던 독립의 기회는 오지 않았지만, 그렇다고 포기할 수도 없었다. 마침 터져 나온 독립선언은 활동의 방향을 새롭게 찾는 계기가 되었다.

새로운 조직이 필요한 시점이었다. 10년 가까이 터를 닦아온 독립운동 기지, 키우고 길러온 독립군들이 터 잡고 있던 그곳에 3·1운동의 기운을 입고 새로운 인물들이 몰려들

> ### 韓族總會
> 王三德李圻兩氏談
>
> 距今九年前通化懷仁柳河興京縣 等地에本國으로부터만흔移住民이 來接하매韓赫李圻氏等有志人士는 扶民團을組織하야西間島在留韓族 의自治自衛及敎育을管掌하더니 시一部地方에同樣의目的으로兩相 龍氏等의自新契가生하는지라 兩 團의竝立이不利함을自覺하고合議 의結果兩團을合하야韓族總會을立 한後自新契의李相龍氏는總裁로扶 民團의李圻氏는會長으로選任되니 韓族會管內의住民總數가大約八萬戶 三十萬口라每戶의義務金으로約 壹支撑하고新興學校以下四個의學 校를經營하야普通敎育及軍事敎育 等을施하며또農眼을利用하야勞働夜 學을設하며 民刑事의訴訟을受理하 야宛然히 一個獨立國家의觀이有하 더라 元年三月獨立을宣言함으로부 터다시組織을鞏固하야萬一에備호 려准備에力을盡하고輕擧를戒하엿 스며臨時政府에道와相等한資格의 認定을請願中이라 住民은大部分貧寒者나모다家 族을다밀고農業에從事하다다만三 月後로多數의靑年이渡來하야衣食 이乏함이至하면甚히困難하리라韓 族新報는韓族總會의機關報라

한족종회(《독립신문》 1919년 10월 4일자)

기 시작하였다. 이에 힘입어 독립운동가들은 정부조직을 준비하고 나섰다. 동포사회의 안정적인 유지와 독립군 조직의 발전을 이끌어 갈 기구를 만드는 길이었다. 한족회와 서로군정서는 바로 이러한 필요에 따라 만들어진 조직이었다. 앞의 것은 민정民政이요, 뒤의 것은 군정軍政 기관이다. 이것은 독립군 기지와 동포사회를 꾸려나가기 위해 필요한 두 기둥으로, 경학사에서 시작된 독립군 기지 건설의 결실이었다.

한족회는 1919년 4월 유하현 삼원포에서 조직되었다. 8년 전 조직된 경학사를 터전으로 공리회(1913~1916)와 부민단(1916~1919)에 이어 한족회가 발족한 것이다. 경학사 시절의 터 잡기와 공리회 시절의 터 넓히고 틀 잡기, 부민단 시절의 틀 확대라는 과정을 지나 한족회에 와서 '자치정부' 성격으

로 성장하였다. 공리회 시절에 이미 십가장·백가장이란 말이 나왔고, 부민단 시절에는 이를 실현시켰는데, 한족회에 와서는 중앙과 지방 조직이 모두 완성된 정부 형태로 짜임새를 갖춘 것이다.

김대락의 아들 김형식. 김동삼과 더불어 서간도 지역의 개척에 크게 기여했다.

조직을 보면 본부를 삼원포에 두고, 서간도 넓은 지역에 지부를 두었다. 중앙에는 총장이 조직을 대표하고, 지역 곳곳에는 총관總管을 비롯한 하부 단위 책임자를 두어 동포사회를 이끌어 갔다. 동포 1천 호戶에 총관, 1백 호에 가장家長, 10호에 실장室長을 각각 1명씩 두어 조직을 이끌게 했다. 지부 조직을 중앙과 연결시켜 동포사회를 운영한 것이다. 그러므로 한족회는 동포사회를 운영하는 자치행정 조직이자 인력 양성과 운영에 무게 중심을 둔 단체였다고 정리할 수 있다.

        정무총장   이탁李沰(鐸)
        서무사   김동삼, 뒤에 김성로金聲魯

외무사장	양규열
법무사장	이진산李震山, 김응섭
검찰사장	최명수崔明洙
학무사장	윤기섭尹琦燮, 뒤에 김형식으로 바뀜
재무사장	안동원安東源

여기에서도 내앞마을 사람들이 눈길을 끈다. 김동삼이 서무사장을 맡았다가, 집안의 조카인 김성로金聲魯가 이어 갔다. 또 김형식이 학무사장을 맡았고, 김동삼의 동생 김동만도 지역의 간부이면서 학교를 맡아 꾸려 가고 있었다. 이밖에도 안동 사람으로 김응섭이 법무사장을 맡았다는 기록도 보인다.

이밖에 이상룡의 조카인 이형국도 한족회 중견으로 활동하였다. 또 다른 안동 사람으로는 지역의 책임자인 구정區正을 지낸 권기일·배영진裵永進(예안 도촌) 등도 눈에 띈다. 김동만과 권기일은 1920년 일본군의 기습 공격을 받아 순국했다.

서로군정서는 군정부 조직이었다. 1911년 이후로 길러낸 독립군을, 제1차 세계대전이 발발하자 백서농장이라는 비밀 군대로 만들어 독립군 조직을 유지하였다. 앞에서 본 것처럼, 김동삼이 장주를 맡아 지휘하고 있었다. 그러나 자급자족이 뜻대로 되지 못한데다가, 심한 풍토병 때문에 여러 병사들이 목숨을 잃었다. 마침 세계대전이 끝난 뒤 3·1운동 소식이 들려오고 망명자가 급증하는 상황이 되자 한족회는 마침내 백서농장 철수를 결정하였고, 이들을 축으로 삼아 새로운 조직을 결성하였다. 그것이 바로 서로군정서였다.

처음에는 군정서가 아니라 '군정부'였다. 실제로 이름에 맞을 만큼 조직을 갖추지는 못했지만, 독립군을 이끌 정부 조직을 추구한다는 계획을 세우고 일단 '정부'라는 이름으로 출발한 것이다. 그래서 한족회와 더불어 행정과 군정 기능을 나누어 맡아 쌍두마차처럼 남만주 동포사회를 이끌어 가게 되었다. 그런데 상해에서 대한민국 임시정부가 수립되자 '정부' 명칭을 고수하기 힘들어졌다. 군정부를 유지한다면 임시정부에 맞서는 꼴이 되고 말기 때문이다. 그래서 이 문제를 논의한 끝에 타협안을 만들고, 대표를 상해로 보내 협상을 벌였다.

이들이 요구한 안은 두 가지였다. 하나는 나라 안팎의 모든 독립운동을 통제하고 지도할 정부의 위치로는 국제외교에 편리한 상해가 적합하므로 그곳에 두자는 것이고, 다른 하나는 무장 독립군의 국내 진입활동에는 만주가 마땅하니 독립군을 지휘할 군정부를 만주에 건립하자는 것이었다. 임시정부는 이러한 요구를 논의한 끝에 1919년 11월 17일, 다음과 같은 내용을 '대한민국 임시정부 공보 제7호'를 통해 발표하였다.

특별국무회의에서는 서간도 타협안이 제출되야 서간도 군사기관(군정부) 자치기관(한족회)의 임시정부 통치 하에 귀歸함

한족회와 서로군정서를 대한민국 임시정부 아래 둔다는 결정을 담은 대한민국 임시정부 공보 제7호

이는 한족회와 서로군정서 두 조직을 인정하되, 그것을 임시정부 아래 둔다는 것이었다. 그래서 '군정부'는 서로군정서로 바뀌었다. 다시 말해 독립전쟁을 이끌어 갈 군정부 기능을 임시정부 차원에서 인정받고 정식 군대 편제를 갖추어 간 것이다. '정부'보다는 낮은 단계의 조직이지만, 국내 진공 작전을 펼칠 군사와 전쟁 관련 업무에서 임시정부로부터 실질적인 대표성을 인정받은 셈이다.

서간도 사회에서 안동 사람이 차지하는 비중은 다시 되풀이할 필요도 없을 정도다. 군정부의 최고 직책은 본래 총재였으나, 임시정부 아래 편입되어 서로군정서가 되면서 독판督辦으로 바뀌었다. 그 자리를 이상룡이 맡았고, 군대를 이끄는 핵심 직책인 참모장은 백서농장 장주였던 김동삼이 맡았다. 김동삼은 민정 기관인 한족회의 핵심인 서무사장(서무부장)도 겸직하였다.

독 판	이상룡
부 독 판	여 준
정무청장	이 탁
군정청장	양규열
참 모 장	김동삼
교 관	이청천李靑天(본명 지대형池大亨) · 신팔균申八均 · 김경천金擎天

이밖에도 서로군정서에 참가한 내앞마을 사람들은 많다. 누구보다 참모장을 맡은 김동삼이 단연 돋보이고, 그의 동생 김동만과, 집안 형제들인 김규식 · 김만식 · 김장식 · 김정식 · 김형식, 그리고 집안 조카 김성로金聲魯 · 김창로 등, 주

로 김대락을 잇는 인물들이 두드러진다. 또 최고 지도자 독판 이상룡을 비롯하여 그의 동생 이봉희와 아들 이준형, 조카 이광민·이운형, 나이 어린 족숙族叔 이승화 등 이상룡의 가족들도 활약하였다. 그밖에도 금계마을의 김원식이 등장하고, 오미마을의 김만수와 김응섭도 활약하였다.

  서로군정서 활동 가운데 안동 사람과 관련된 것으로 참모장 김동삼이 국내로 파견한 독립군이 일본군을 공격한 일이 있다. 국내로 진입하여 일제 경찰과 싸우다가 붙들린 것만 7건, 그 인원은 19명에 이른다. 이들이 세운 전과는 일제 경찰 13명을 사살하고 군자금을 모집한 것이다. 그러나 이 수치는 어디까지나 일제 경찰이 작성한 자료에 드러나는 것일 뿐이다. 실제로 펼친 활동이 이보다 훨씬 많았을 것이라는 추정은 의심할 여지가 없다. 이것이 바로 국내 진공작전의 한 부분이다.

  한편 서로군정서는 백두산 가까운 곳에 비밀병영을 마련하였다. 안도현安圖縣 내도산內島山이 그곳인데, 북로군정서 구역에 가까운 밀림 속이었다. 성준용과 강남호(이상룡의 사위)를 보내 비밀병영 터를 찾게 했고, 거기에 이청천을 시켜 1개 대대 병력을 거느리고 주둔하게 만들었다.

  내앞마을 사람들이 독립군을 길러 독립전쟁을 펼치자고

생각한 것은 분명할 터인데, 구체적인 자료가 남아 있지를 않다. 하지만 이상룡의 생각과 다르지 않았을 것이 분명하다. 그러니 이상룡의 의견을 통해 당시 내앞마을 사람들의 견해를 살펴보자.

이상룡은 1920년 안창호에게 보낸 글을 통해, 만주로 망명한 뒤 9년 동안 결사자치結社自治와 상무교육尙武敎育에 힘써온 과정을 설명하였다. 그리고 1919년에 서로군정서를 조직하고 2개 여단旅團을 편성하여 자신이 총재가 되었다면서, 새로운 학교에서 우등 5~6백 명, 2·3등 자격 7~8백 명을 배출했으며, 신규로 모집되었으나 아직 훈련받지 못한 자가 다수라고 밝혔다. 또 만주가 러시아와 가까워 무기를 구입할 수는 있으나 자금이 없어 아쉽다고 밝혔다. 무엇보다 먼저 군대를 기르고 무장하여야 한다는 것이 그의 주장이었다.

이상룡의 주장은 무엇보다 먼저 선택할 길이 독립전쟁이요, 그러자면 군사력을 길러야 한다는 것이었다. 길러둔 군대가 있고 예비 병력도 있는데, 자금이 없어 무기를 충분하게 갖추지 못하고 있는 현실을 헤아려 임시정부에서 이를 지원해 달라는 뜻이다. 임시정부와 서로군정서가 직할 관계일 뿐만 아니라, 임시정부가 1920년 1월에 그해를 '독립전쟁의

원년'으로 선포한 터였기 때문이었다. 안창호가 외교를 앞세운 것과 달리 이상룡은 군사를 우선으로 삼았다. 이런 가운데 1920년 6월에 봉오동전투가, 10월에는 청산리전투가 터졌다.

  1920년에 일어난 봉오동·청산리대첩은 주로 북로군정서의 영역에서 벌어졌다. 6월에 갑작스럽게 일본군의 기습을 받았던 북로군정서군은 봉오동전투에서 이를 되받아쳐 대승을 거두었다. 그러나 일본군의 재침공이 곧 있을 것으로 예견되는 상황이었으므로, 북로군정서는 급하게 서로군정서에 도움을 청했다. 김좌진은 이상룡에게 이장녕을 보내달라고 부탁했고, 이상룡은 이에 흔쾌하게 응했다. 이에 따라 이청천과 이장녕이 300명이 넘는 서로군정서 독립군을 이끌고 북간도로 이동하였다. 8월에는 김동삼이 직접 왕청현 서대파西大坡로 가서 북로군정서를 방문하여 작전을 논의하기도 했다.

  그 뒤 10월에는 청산리전투가 벌어졌다. 이 전투에 참가한 내앞마을 사람으로는 북로군정서 소속 김성로金成魯가 확인되고, 안동 출신으로는 서로군정서 소속으로 풍산 출신 김중한과 길안 출신 김태규가 확인된다. 이들 모두 신흥무관학교 출신인데, 김성로는 청산리전투에서 전사하였다. 또 서로군정서를 지원한 인물에는 금계마을 출신 김연환도 있었다. 그는 1920년 군자금 모집과 대한민국 임시정부 지원 활동을 펼치다가 일경에 잡혀 1년 동안 옥고를 치렀지만, 1922년에 풀려나자마자 다시 서로군정서 자금을 모집하기 위해 나서기도 했다.

7

1920년대 만주지역
항일투쟁의 핵심이 되다

1) 경신년 참변에 희생된 김동만

이청천이 서로군정서 독립군의 일부를 이끌고 북간도로 떠난 뒤, 일본군이 서간도 일대를 휩쓸면서 독립군 기지를 짓밟는 참극이 벌어졌다. 이상룡이 김좌진에게 보낸 편지에서 "이미 맡은 직무를 되돌리고 진행 중인 일을 철폐하여"라고 적은 것처럼, 신흥무관학교를 비롯한 독립운동 기지를 비워둔 형편에서 일본군의 침공을 받게 된 것이다. 여기에서 참살을 당한 사람이 한 둘이 아니지만, 그 가운데에서도 내앞마을의 김동만이 두드러진다.

사실 한국에 주둔하던 일본군은 봉오동전투가 일어나기 두 달 앞선 1920년 4월부터 면밀한 작전을 짜고 있었다. 마침 공산주의 파급을 막겠다는 이유를 내걸고 연해주에 파견된 일본군이 철수하게 되자, 이들을 만주로 돌려 독립군을 무력화시킨다는 계획을 세웠던 것이다. 그런데 독립군을 공격하러 나섰던 일본군이 1920년 6월 봉오동전투와 10월 청산리전투에서 오히려 독립군에게 참패하였다. 청일전쟁과 러일전쟁, 제1차 세계대전에서 연전연승을 거둔 일본군 정규군이 비정규군인 한국 독립군을 공격했다가 당한 패배는 치욕이었다. 그러자 일본군은 서북간도 독립군의 뿌리가 되는 한인사회를 짓밟기 시작했다. 아예 바탕을 없애버리겠다는 계획을 세운 것이다. 이 바람에 엄청나게 많은 동포들이 살해되었다. 이를 경신년(1920)에 벌어진 것이라 하여 '경신참변庚申慘變'이라 일컫는다.

일본군이 한인사회를 직접 공략하기 시작한 때는 봉오동전투가 일어나기 한 달 전인 5월이었다. 1920년 5월 '중·일합동수색대'가 편성되어 독립군 기지를 직접 찾아 나선 것이다. 조선총독부 아카이케[赤池] 경무국장이 봉천奉天(심양瀋陽)을 방문하여 동삼성東三省 순열사巡閱使 장작림張作霖을 만나 봉천성과 간도 지역의 한국 독립운동가를 검거한다는 데 합의함에 따라 '중·일합동수색대'가 조직되었다. 그 가운데 봉천독군奉天督軍 고문을 맡고 있던 사카모토[坂本]가 이끄는 부대가 5월 15일부터 8월 18일 사이에 서간도를 휘젓고 다

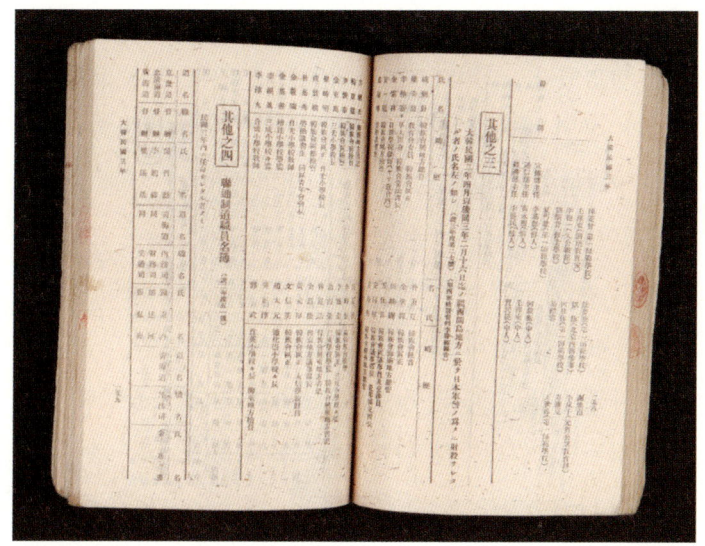

_ 서간도에서 일본군에 참변을 당한 인물 명단. 서로군정서 독판 이상룡이 대한민국 임시정부에 보냄 (《조선민족운동연감》)

녔다. 이들 손에 한국 독립운동가 277명이 붙잡히고 8명이 죽임을 당했다. 피하지 못한 핵심인물들은 대부분 희생되고 말았다. 그런 가운데 안동 남후면 대곡마을 출신 권기일이 8월 15일, 통화현 합니하에 있던 신흥무관학교 분교의 수수밭에서 순국하였다.

또 한 사람 경신참변에 희생된 인물이 바로 김동삼의 동생 김동만이다. 그는 형이 먼저 만주로 떠난 뒤, 아내와 아들만

이 아니라 어머니와 형수, 그리고 조카들을 모두 이끌고 만주로 망명했다. 그러다가 1910년대 중반에 잠시 고향으로 돌아와 머문 때가 있었다고 전해진다. 1910년대 초·중반에는 망명했던 독립운동가들이 비밀리에 여러 차례 고향을 방문했었다. 자리를 잡는 과정에서 흉년이 들어 고생하면서 갖고 간 자금이 부족하여 긴급하게 돌아와 비밀리에 재산을 처분하는 일이 더러 있었던 것이다. 그는 남은 땅을 처분하여 자금을 만들고, 연락사항을 전달하러 돌아왔었던 것으로 짐작된다. 그러다가 다시 만주로 되돌아갔고, 그곳에서 1920년 11월 6일(음 9.26)에 참극을 당한 것이다. 순국 당시 그는 유하현 삼원포 근처의 삼광중학교에서 교장을 맡고 있었다.

일본군 '기마토벌대'는 청산리전투에서 패배한 치욕을 앙갚음하려는 듯이 삼원포 일대를 짓밟고 다녔다. 만리구에 살던 남자 12명이 삼원포와 만리구 사이에 있는 왕굴령王屈嶺 고개 밑에서 한꺼번에 참살을 당했다. 김동만도 그곳에서 희생되었다. 시신이 너무 참혹하여 아내는 오래도록 정신착란 증세를 보일 지경이었다. 김동삼의 맏며느리 이해동은 김동만의 아들 김경묵金敬默의 회고담을 이렇게 전한다.

김동삼의 며느리 이해동이 쓴
《만주생활 77년》

시삼촌(김동만-필자주)은 12명 중 맨 마지막으로 총살하였다고 들었는데, 조선 옷고름을 뜯어 눈을 싸매었고 목은 군도로 쳤으나 채 떨어지지 않았으므로 시체만은 그냥 알아 볼 수가 있었다고 한다. 그 후 시사촌 동생(김동만의 아들 김경묵-필자주)은 그때 목격한 것을 이렇게 말하였다.

"그때 여덟 살이던 나는 어머니를 따라 아버지 시체를 찾으러 갔다. 그 당시 무섭고 참혹한 정경은 지금도 나의 머릿속에 또렷이 생각되며 영원히 잊을 수 없다."[24]

이렇게 황당하고도 참담한 일에 어떻게 손을 쓸 방법이 없었다. 만리구에 살던 이원일의 아버지 이강호가 나서서 시체를 수습하고 김동삼의 두 아들 정묵·용묵과 김동만의 아내와 그 아들 경묵을 돌보아 주어 장례를 치를 수 있었다. 아우의 죽음 소식을 들은 김동삼은 신변의 위험을 무릅쓰고 가족들에게 달려갔다. 말리는 동지들에게 그는 "먼 땅에서 함께 동고하던 내 아우가 나를 대신하여 죽었으니 어찌 자신의 위험만을 생각하고 그냥 좌시할 수 있겠는가."라고 말하고 길을 떠나 낮에는 숨고 밤에만 샛길을 타 겨우 삼원포에 도착하여 사태를 수습하였다.

김동만의 아내가 받은 충격은 어떻게 표현하기 어려울 정도로 컸다. 훼손된 시신을 보고 정상적인 정신을 가지는 사람은 거의 없을 것이지만, 더구나 가족들이야 더 말할 나위가 없지 않을까. 그의 아내는 그때 받은 정신적인 충격으로 말미암아 온전한 생활을 해낼 수 없게 되고 말았던 것이다.

2) 흩어진 독립군을 다시 묶어세우기

경신참변으로 한인사회는 쑥밭이 되어갔다. 동포사회가 붕괴되면 독립군도 존재하기 힘들다. 그래서 독립군들은 재빠르게 북상하는 방법을 찾았다. 1920년 겨울 한 달 동안 영하 40도 추위를 견디며 죽음의 행군을 벌여 러시아 국경을 넘어 '자유시'로 옮겨 갔다. 4,500명이나 되는 독립군이 그곳에 모였다. 그러나 이듬해 6월 러시아 자유시에서 독립군들이 대거 희생당하는 사건이 벌어졌으니, 이것이 '자유시참변'이다. 적색 러시아 군대와 여기에 참가한 러시아 귀화

한인, 그들의 요구에 넘어가지 않으려는 독립군들의 저항, 이러한 갈등으로 말미암아 큰 충돌이 일어나서 6백 명이 넘는 병력이 목숨을 잃는 비극이 발생했다.

이 난리에 많은 독립군들이 만주로 흩어져 돌아왔다. 이들을 안착시키고 재조직하는 일은 당시 독립운동계가 직면한 가장 다급한 과업이었다. 여러 곳에서 대책회의가 열렸는데, 북경에서 열린 군사통일회의가 가장 대표적이다. 여기에 이상룡이 직접 참석하게 되자, 김동삼은 만주에서 이를 지원하였다.

1921년 1월 말, 이상룡은 북경을 향해 길을 나섰다. 2월 16일 길림에서 장춘을 거쳐 봉천(심양)으로 향했다. 2월 17일 밤에 북경에 도착하였다. 흩어져 오는 독립군을 다시 묶어세우면서 독립전쟁을 통합적으로 지휘하자는 논의가 진행되다가, 마침 상해에 머물고 있던 이승만을 비난하는 목소리가 터져 나오기 시작했다. 제1차 세계대전 말미에 이승만이 미국 대통령 윌슨에게 한국을 위임통치해달라고 청원한 일이 있었는데, 이승만이 1920년 12월 상해에 도착하여 임시대통령으로서 움직이고 있던 터라, 북경군사통일회의에 참가한 인사들이 그를 성토하고 나섰던 것이다. 뿐만 아니라 임시정부 개조도 요구하였다. 이런 움직임은 앞서 1921

군사통일회의 당시 서간도 지역의 정서를 밝힌 김동삼의 이야기 (《독립신문》 1923년 1월 17일자)

년 2월에 박은식과 김창숙을 비롯한 14명의 독립운동가들이 〈아 동포에게 고함〉이라는 선언을 통해 임시정부의 개혁을 요구하고 나선 뒤의 일이었다.

군사통일회의는 이승만에 대한 난타전으로 일정을 시작하였다. 회의가 열린 근본 취지가 흐려지자, 서로군정서 대표들은 자리를 빠져나오기 시작했다. 이상룡은 대한민국 임시정부 자체를 만족하지는 않더라도 부정하지도 않았다. 이러한 자세는 회의에 참가하지 않고 있던 김동삼도 마찬가지였다. 이러한 사실은 1년 반이 지난 1922년 12월에 김동삼이 상해에 도착하여 《독립신문》 기자에게 밝힌 내용에서도 확인할 수 있다. 위임통치를 주장한 임시대통령을 그냥 두는 것도 받아들일 수는 없지만, 기존 국가와 정부를 부정하여 새로운 국가와 정부를 세우는 것에도 반대한다는 것이 그의 주장이었다. 이상룡은 더 이상 북경에 머물 이유가 없었다. 그는 6월에 북경을 출발하여 서간도로 돌아왔다.

이상룡이 북경에 다녀오는 동안 김동삼도 거기에 맞춰 움직였다. 그도 북경으로 가려고 나섰는데 교통편이 마련되지 않아 중도에 돌아선 일이 있었던 것이다. 또 한 가지 사실은 이승만의 위임통치론에 대한 성토에 동참한 것이다. 그는 1921년 5월 6일 여준·이탁·곽문·이진산과 함께 결의서를 작성하여 상해로 보냈다. 서간도를 대표하여 대한민국 임시의정원에 의원으로 파견되어 당시 의장을 맡고 있던 윤기섭에게 그 결의서를 전달한 것이다. 거기에는 이승만에게 책임을 물어야 한다는 것과 임시정부의 개조를 요구하는 내용이 담겼다. 북경에 머물던 이상룡과 서간도를 지키던 김동삼의 발걸음은 하나같이 바쁘게 움직였다.

이상룡이 북경에 가 있던 그 무렵, 김동삼은 액목현額穆縣에서 서로군정서를 다시 정비하는 데 매달렸다. 편제를 위원제로 바꾸어 정부 조직에 가깝도록 만들었다. 그리고 여기에 군사적인 면모도 바꾸어 놓았다. 북경군사통일회의를 이끌고 있던 박용만을 총사령관으로 지명하고, 대한민국 임시정부 군무국장을 맡고 있던 황학수黃學秀를 참모장으로 받아들였다. 그 내용을 보면 다음과 같다.

집행위원장	이탁
경리위원장	이진산
학무위원장	이상훈李相勳
법무위원장	김동삼
독립군총사령관	박용만
독립군참모장	황학수

3) 남만주 독립군의 통일체 대한통의부를 조직하다

이상룡이 길림으로 돌아오자, 서로군정서는 조직을 재편할 준비에 들어갔다. 김동삼을 비롯한 주역들은 서로군정서를 임시정부 직속 체제에서 벗어나도록 한다는 데 뜻을 모았다. 이승만이 임시대통령으로 있는 정부 아래에 있을 이유가 없다는 것이었다. 이상룡은 김동삼을 비롯한 간부들에게 군사주둔지로 액목현을 주목하라고 일렀다. 이때 김동삼은 이탁과 더불어 영안으로 가서 군사주둔지를 준비하였다. 또 하나의 과제는 자유시참변으로 흩어졌다가 돌아오는 독립군을 새로 묶어세우는 일이었다. 그 일을 맡은 최고 지도자가 다름 아닌 김동삼이었다.

1922년 1월 남만통일회南滿統一會가 열렸다. 주축은 서로군정서·대한독립단大韓獨立團·광한단光韓團 등이었다. 이 단체들은 남만주의 독립군 근거지를 안정시키고자 친일 주구를 토벌할 구역을 나누어 맡았다. 이상룡과 김동삼을 비롯한 안동 사람들이 많이 포진한 서로군정서는 유하현과 길림 일대를, 전덕원全德元·오석영吳錫英이 지휘하던 대한독립단은 통화현과 흥경현 남쪽의 환인·집안 등을 나누어 맡고서, 일제의 어용기관을 부수고 주구를 처단하는 일에 나섰다. 일본이 심어둔 친일 세력을 뽑아내야 독립운동의 기지를 되세울 수 있었기 때문이다. 1년 넘는 투쟁 끝에 한인사회에 퍼진 친일 어용조직을 부수고 독립운동 기지를 다시 일으켜 세우는 데 성공하였다.

군사력 결집이 다음 순서로, 여기에는 서로군정서와 대한독립단이 앞장섰다. 그리고 그 결실이 대한통군부大韓統軍府의 결성이었다. 이름 자체가 대한의 군대를 통합한 군정부라는 뜻이다. 대한통군부는 1922년 1월 서간도 일대에서 가장 큰 독립운동 단체들이었던 한족회·서로군정서·대한독립단이 연합하여 조직한 것이다. 초기 간부진용은 다음과 같다.

_이광민

총 장	채상덕蔡相悳
비 서 장	고활신高豁信
민사부장	이웅해李雄海
군사부장	이천민李天民(이광민)
교육부장	김동삼
실업부장	변창근邊昌根
경 무 감	전덕원
사 령 관	김창환

_ 대한통의부 본부가 있던 관전현 하로하

    대한통군부는 더 많은 단체를 통합하는 데 힘을 기울였다. 그 결과 1922년 8월 대한통군부를 대한통의부大韓統義府로 발전시켰다. (서로)군정서·대한독립단·관전동로한교민단寬甸東路韓僑民團·대한광복군영大韓光復軍營·대한정의군영大韓正義軍營·대한광복군총영大韓光復軍總營·평안북도 독판부督辦府 등, 이른바 8단團 9회會 대표 71명이 환인현 마권자馬圈子에 모여 대한통의부 조직을 결의하고, 마침내 8월 30일 대한통의부를 발족시킨 것이다. 대한통의부는 정부 형태를 갖추었다. 그 아래 대한통의부 의용군을 두었고, 총장 아래 민사·교섭·군사·재무·학무·법무·교통·실업 등의 부서를 두었으며, 헌법에 해당하는 헌장을 제정하였다. 본부를 관전현寬甸縣 하로하下露河에 두고, 각 지방에 총감總監과 임원, 구장 등의 직책을 두었다. 총감과 구장을 연결하는 행정망을 통하여 세금을 부과하고, 그 세입으로 조직을 운영하였다. 또 의용군 편제도 확립하였다. 5개 중대로 구성된 1개 대대에다가 유격대와 헌병대 등을 합쳐 단일 군단을 형성한 것이다.

김동삼은 대한통의부 총장 겸 중앙행정위원회 의장으로 뽑혔다. 대한통의부가 정부 조직에 버금가는 조직이었으므로, 김동삼은 행정 수반이자 최고 통수권자가 된 것이다. 여기에 내앞마을에서 김규식이 참가하였고, 김원식·이광민을 비롯한 서로군정서 소속 안동 사람들 거의 모두가 대한통의부 소속으로 활동하였다.

4) 국민대표회의에서 이름을 떨치다

남만주 지역에서 조직된 대한통의부가 흩어져 내려온 독립군 부대를 묶어가던 무렵, 상해에서는 대한민국 임시정부의 존폐와 독립운동계의 대통합 문제를 논의하기 위한 독립운동계의 대표 모임이 추진되고 있었다. 임시정부가 나라

김동삼이 상해에 도착한 소식 (《독립신문》 1922년 12월 23일자)

밖에서 원격 조정하여 국내 행정을 손아귀에 쥐려고 만들었던 연통제와 교통국의 틀이 일제의 탄압으로 부서지는 바람에, 임시정부로 흘러드는 자금의 공급선이 말라버렸다. 더구나 임시정부를 되살리려고 상해를 방문했던 이승만 임시대통령이 목적을 이루지 못하고 하와이로 떠났고, 그가 다시 큰소리치고 기대를 걸게 만들었던 태평양회의마저 한국 문제를 말조차 끄집어내지 않았다. 이렇게 뿔뿔이 흩어진 독립운동계의 힘을 다시 묶어내기 위해 안창호가 앞장서서 독립운동단체의 대표들로 구성되는 국민대표회의를 들고 나온 것이다.

1922년 말, 세계 여러 곳에서 한국 독립운동을 펼치던 대표들이 상해로 모여들었다. 지역과 단체를 대표하는 인물들이 참가한 가운데, 마침내 1923년 1월 3일 회의가 시작되었다. 여기에 참가한 내앞마을 사람으로는 서로군정서 대표 김동삼과 한족회 대표 김형식이 두드러진다. 이밖에도 안동 사람으로는 길림교육회 대표 류시언柳時彦과 시베리아 지역 대표 김응섭이 있었다.

김동삼이 상해에 도착하자 당장 《독립신문》이 그 소식을 보도하였다. 1922년 12월 23일자 《독립신문》은 그를 이렇게 소개했다.

> 서간도西墾導의 중진인물중重鎭人物中의 일인一人으로서 통의부統義府의 총장總長으로 피선被選되고 또 임시정부臨時政府의 노동총판勞働總辦으로 추천推薦되었던 김동삼씨金東三氏

도착부터 관심의 대상이 될 정도로 김동삼의 위상은 높았다. 그는 《독립신문》 기자에게 국민대표회의를 유일하고도 좋은 기회라고 평가하면서, 충분히 토의하여 바꿀 것은 바꾸고 합할 것은 합하여 융화적이고 원만한 효과를 도모해야 한다고 방향을 제시했다. 그러면서 남만주의 불안한 상황을

국민대표회의 참가자와 소속 1월(위)과 2월(아래)

설명했다. 일경이 인명을 살해하고 중국 관군과 토비土匪가 출몰하여 약탈하며, 동포 가운데서도 같은 동포에게 해를 주는 자가 있다는 것이 그 내용이었다. 그는 해결 방안으로 동포사회를 군사구軍事區와 민정구民政區로 나누어야 한다고 주장했다. 그래야 동포사회가 무너지지 않고, 그 바탕 위에 군사력이 유지된다는 것이었다.

국민대표회의에서 김동삼은 독립운동계의 최고 인물로 떠올랐다. 이 회의에서 의장으로 뽑힌 사람이 바로 그였던 것이다. 부의장으로는 좌우파를 대표하여 윤해尹海와 안창호가 선출되었다. 뿐만 아니라 김동삼은 군사분과위원으로도 활약했다. 서로군정서 대표로 참가했고, 대한통의부를 이끄는 최고 지도자였던 점이 고려된 것이다. 류시언은 류해동柳海東·김세진金世鎭으로도 불렸는데, 하회마을 출신이다. 길림교육회와 고려공산당에 가입하여 활동하던 그는 국민대표회의에서 헌법개정위원과 교육위원장으로 활약하였다. 그러다 자금을 모집하기 위해 국내외를 드나들다가 일제에게 붙잡혀 5년 징역형을 받고 3년 8개월 동안 옥고를 치르게 되는 인물이다.

국민대표회의는 5월 15일까지 열렸다. 여기에서 대한민국 임시정부를 없애고 국가나 정부를 새로 세울 것인가, 아니면 적절하게 개조할 것인가를 둘러싸고 참가자들은 개조파와 창조파 두 계열로 나뉘게 되었다. 그러자 김동삼은 다른 문제들을 먼저 다루자며 분과별 회의로 방향을 돌리는 지혜를 발휘하기도 했다. 하지만 이 문제는 5월 들어 피해갈 수 없는 상황에 이르렀고, 끝내 두 세력으로 완전히 나뉘었다. 김동삼은 김형식과 함께 개조파에 손을 들었다. 그러나 두 가지 주장이 합치점을 찾지 못하고 회의가 파국으로 치닫게 되자, 서간도 지역 독립운동계는 대표들을 불러들이기로 결정했다. 이에 따라 김동삼과 김형식은 만주로 돌아왔다. 국민대표회의는 5월 15일 회의를 끝으로 사실상 결렬되고 말았다. 창조파는 6월 7일 자신들만이 참석하는 비밀회의를 열어 국민위원회를 구성하고 새로 정부를 세우려 나섰다. 이들은 블라디보스토크로 이동하여 정부 수립을 선언하려 했지만, 러시아 정부가 이를 인정하지 않는 바람에 실패하고 말았다. 국민대표회의에서 내앞마을 사람이 보여준 지도력과 위상은 가장 두드러졌다. 의장을 맡은 김동삼이 그랬고, 김형식도 거기에 버금가는 활약을 보였다.

---

24) 이해동, 《만주생활 77년》, 명지출판사, 1990, 51쪽.

8

독립을 위해 이념의 장벽을 넘어선 통일운동

1) 정의부로 남만주 독립운동계를 통합한 김동삼과 김형식

상해를 떠나 만주로 돌아온 김동삼과 김형식은 눈앞에 놓인 가장 큰 숙제를 해결하러 나섰다. 다름 아닌 만주 지역 독립운동계를 통합하는 것이었다. 독립군 단체들이 조각조각으로 나뉘어 갈피를 잡을 수 없었던 탓이다. 군사통일회의나 국민대표회의가 뚜렷한 결실을 거두지 못하자 이상룡이 양기탁梁起鐸과 군사력 통합을 추진하였는데, 김동삼과 김형식이 여기에 뛰어든 것은 두말할 나위가 없다. 더구나 국민대표회의 의장을 맡던 경력으로 김동삼의 위상은 더욱 높아갔다. 1923년 11월 약 열흘 동안 열린 화전회의樺甸會議는 독립운동의 통일과 전개방침에 대해 논의하였다. 그 결과 다음 사항을 결정하고, 남만주 독립운동계의 통일을 결의하였다.

> (1) 서간도의 군정서를 폐지하고 새로운 군정서를 조직하여, 그 아래에 자치회를 두고 재만 한인을 통치한다.
> (2) 군정서 독판은 이상룡, 부독판은 여준, 정무청장은 이탁으로 하고 내무·재무·군무·법무·학무의 각 사장을 둔다. 액목·화전·반석·흥경현에 지회를 두고, 또 서간도의 통의부도 참가시키기 위해 김동삼 등 5명을 파견한다.

서로군정서를 없애고 새로 군정부 성격을 지닌 조직을 만든다는 것이 앞의 결정이다. 그 대표는 이상룡이 맡고, 김동삼이 나서서 통의부도 여기에 참가시킨다는 내용이 두 번째 것이다. 이렇게 결정하였지만 무력급진파와 민력양성점진파로 의견이 나뉘어 시간을 끌다가 1924년에 들어 전만통일주비회全滿統一籌備會가 논의를 이어갔다. 1924년 3월 하순에 전만통일회의주비회가 조직되고, 10월 18일에 11개 단체 대표가 모인 전만통일회의가 열렸다. 이 자리에서 대한통의부 총장이던 김동삼이 전만통일회의 의장에 뽑혔고, 김형식은 중앙행정위원이 되었다. 여기에 참가한 단체는 대한통의부를 비롯하여 서로군정서·의성단義成團·광정단光正團·길림주민회吉林住民會·노동친목회·카룬자치회卡倫自治會·고본계固本契·대한독립군단·학우회 등이었다.

이들은 1924년 11월 24일자로 통합을 세상에 알리는 〈선언서〉와 〈선서문〉을 발표하였다. 〈선서문〉은 전문前文과 공약 4개 항으로 구성되었다.

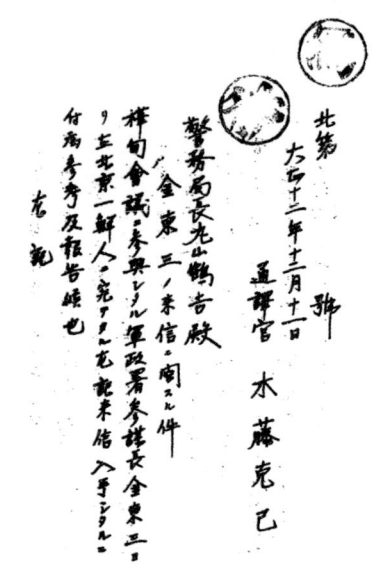

화전회의에 대한 일제의 보고문건 (1923년 12월 11일)

> 오등吾等은 민족의 사명을 수受하고 시대의 요구에 응하여 통일적 정신하精神下에서 정의부正義府를 조직하고 좌기左記 공약에 따라 광복대업을 완성하는 데 노력하기로 자에 선서함(밑줄-필자주)

정의부라는 이름을 선택한 이유는 〈정의부 헌장〉에 적혀 있다. "본부는 인류평등의 정의와 민족생영民族生榮의 정신

정의부 조직 소식(《동아일보》 1924년 12월 25일자)

으로써 광복대업을 극성克成함을 목적으로 한다."라고 밝힌 것에서 그것이 드러난다. 인류평등의 정의와 민족생영의 정신으로써 조국독립을 완수한다는 취지에서 택한 이름이 곧 정의부였던 것이다.

이 정의부가 태어나는 데 결정적으로 기여한 사람이 바로 내앞마을 사람인 김동삼이었다. 그가 의장으로 뽑혀 그 과정을 이끌었다는 사실만으로도 그러한 점을 충분히 짐작할 수 있다. 논의를 거쳐 조직을 구성하고 중앙행정위원과 분과위원을 선임하였는데, 김형식은 교육분과위원 겸 중앙행정위원에 뽑혔다.

정의부는 한 달 가까이 여러 단체와의 통합 작업을 거쳐 1924년 12월 25일에 출범하였다. 그러면서 이들은 다음과 같이 결의하였다.

> 첫째, 새로운 통합기구의 명칭은 정의부로 한다.
> 둘째, 지방 치안유지를 위하여 무장대를 둔다.
> 셋째, 통치구역은 당분간 하얼빈·액목·북간도의 선을 획劃하여 그 이남의 만주 전역으로 한다.
> 넷째, 세입으로 매호 연액年額 6원과 따로 소득세를 부과한다.

정의부는 참의부參議府·신민부新民府와 더불어 1920년대 만주 지역을 대표하는 독립운동 조직이었다. 그 영역은 서간도를 중심으로 멀리 길림성吉林省과 흑룡강성黑龍江省 지역 전체를 장악하는 것으로, 한국인들이 머물던 만주 지역 대부분을 포함하였다. 따라서 그 비중은 대단히 컸다. 그곳에서 무장부대를 운영하고, 이에 필요한 재원을 마련하기 위해 소득세를 거두었다. 정의부는 사실상 정부 조직이었다. 1920년을 앞뒤로 서간도에 한족회(민정)와 서로군정서(군정)라는 준정부 조직체가 있었듯이, 1924년에는 정의부가 민정과 군정 기능을 갖춘 정부 조직체로써 결성되고, 게다가 의회 기능을 가진 중앙의회까지 갖춘 것이다.

정의부의 본부는 유하현 삼원포에 두었다. 처음부터 독립운동 기지로 약속했던 곳이자, 내앞마을 사람들이 뿌리를 내린 곳이다. 경학사와 부민단, 한족회와 서로군정서로 이어지는 숨결이 고스란히 전해지던 바로 그곳에 정의부를 세운 것이다. 그 과정에서 의장을 맡아 활약을 편 김동삼과 중추적인 구실을 해낸 김형식의 위상은 만주 지역 독립운동계를 대표하는 최고 지도자임을 보여주기에 조금도 모자라지 않는다.

김동삼은 또 최고 지도부에서 전체를 이끌었다. 그는 1925년 3월 7일에 열린 제1회 중앙행정위원회에서 외무위원장을 맡았다. 이후 정의부의 핵심부에 포진하면서 업무를 이끌어 갔다. 1926년 11월 제3회 중앙의회에서는 그가 학무위원장을 맡았고, 1928년에는 교육위원장으로 바뀌었다. 김동삼이 버티고 선 정의부에 그와 더불어 한 살 많은 집안 형 김형식이 외무위원장을 맡아 함께 활약하였다. 초기 직제에

_ 삼부 관할도

잠시 등장한 간정원幹政院 비서장은 김동삼의 집안 동생이자 금계마을 출신인 김원식이 맡았다. 간정원은 국무원에 해당한다. 1928년 초에는 김동삼이 교육위원장을, 김원식이 내무위원장을 맡아 활약하였다. 곧 정의부에 내앞마을을 비롯

_ 김응섭(왼쪽)과 김원식(오른쪽)

한 안동의 인물들이 주역으로 포진하였음을 알 수 있다.

정의부는 북만주 하얼빈 근처에 안동 사람들의 정착촌을 건설하는 일에 신경을 썼다. 이는 정의부 차원에서 북만주 안전지대에 농장을 건설하는 일이기도 했지만, 1923년 상해에서 《독립신문》 기자에게 김동삼이 밝혔던 군사구와 민정구 구분 정책이 실천으로 옮겨지고 있다는 뜻이기도 했다. 그곳은 동포들의 정착촌이자 독립군의 지원처이기도 했다. 그러한 노력의 결실은 앞에서 본 것처럼 1924년에 취원창 농장 건설로 나타났다.

2) 이념 차이를 넘어 밀고나간 유일당운동

정의부가 한창 세력을 다지고 있던 때, 이 지역에도 점차 사회주의 세력이 등장하고 있었다. 여기에는 안동 오미마을 출신 김응섭의 발걸음이 밀접한 관계를 가진다. 그는 1923년 국민대표회의에서 창조파에 가담하여 블라디보스토크로 이동했다가 다시 서간도로 움직여 경상도 출신들이 많이 살던 길림성 반석현盤石縣에 터를 잡았다. 그는 이곳에서 1923년 8월 한족노동당韓族勞動黨 발기대회를 열고, 1924년 봄에 금계마을 출신 김원식과 함께 한족노동당을 정식으로 발족시켰다. 말은 노동당이지만, 이들이 말하는 노동자는 사실상 소작농민을 일컫는다.

김응섭은 한족노동당의 중앙집행위원장이 되었다. 이 당은 1925년 무렵부터 사회주의로 전환하기 시작했고, 만주 고려공산청년회高麗共産靑年會가 주도하던 남만청년총동맹南滿靑年總同盟과 긴밀한 관계를 갖고 움직였다. 또 1926년에는 한족노동당과 조선공산당 아래의 고려공산청년회가 밀접하게 교류하는 것으로 이어졌다. 한족노동당은 남만 지방에서 사회주의 운동, 내지는 그 세력 가운데 하나인 ML파의 영향력이 확대되면 될수록 그 영향력 속에 들게 되었다. 그런데 이 지역은 정의부 관할이었다. 곧 김동삼을 비롯한

_ 농민호조사(《조선민족운동연감》)

안동 사람들의 비중이 큰 곳이다. 따라서 김동삼·이광민·김원식 등 안동 출신 인사들도 핵심으로 참가했다. 내앞마을 출신 또한 마찬가지였을 것이다.

이처럼 새로 등장한 조직에 이 지역에서 오래 활약하며 터를 다진 김동삼을 비롯한 안동 사람들이 선뜻 참가하고 나선 데는 이유가 있었을 것이다. 이상룡이 이미 마르크스주의조차 유학의 대동사회大同社會와 비교하여 받아들인 정황이었으므로, 이에 따라 안동 출신 인사들이 이념적 갈등을 별로 가지지 않았던 때문이었다. 한족노동당의 성립과 이념적 변신에 대해 특별하게 부딪칠 이유가 없었던 것이다. 그러니 내앞마을 사람들이 여기에 뛰어든 것도 당연한 일이었다. 이런 정황은 1920년대 후반에 들면서 좌우라는 두 개의 판이 부딪칠 때, 이를 극복하려는 통합운동·통일운동에 안동 사람들이 앞장서는 현상으로 자연스럽게 연결된다.

한족노동당의 등장은 정의부가 농민 조직을 만들고 나서는 계기가 되었다. 김동삼이 앞장서서 농민호조사農民互助社를 조직하고 나선 것이다. 1927년 4월 1일 길림성 동대문 밖 대동공사大東公司에서 발기회가 열렸다. 그 취지는 만주로 옮겨온 농민들을 구조하고 생활을 안정시키자는 데 있었다. 그래야 그 바탕 위에서 독립운동을 펴 나갈 수 있기 때문이다.

농민호조사가 출범하는 과정에서 아주 다급한 사건이 생겼다. 안창호가 대동공사에서 강연회를 가지다가 김동삼 등 주요 인물들과 함께 중국 관헌에 붙잡혀 억류되는 급박한 일이 터진 것이다. 안창호는 1925년부터 만주에 대농장, 이상촌을 건설하겠다는 계획을 세우고 자금을 모으고 있었다. 약 2만 원을 확보한 안창호는 사람을 보내 토지를 확인하고 액목현 교하蛟河를 지목하고 있다가, 마침 1927년 초 길림성에 도착하여 정의부 간부들과 협의하던 중에 대동공사에서 열린 모임에 참석했고, 그 자리에서 중국 관헌에 붙잡힌 것이다.

사실 이 사건은 일제가 만들어낸 공작 탓이었다. 길림 주재 일본영사관이 검거하라고 강력하게 요구한 탓에 중국측이 강연회장을 기습했고, 그 바람에 김동삼과 안창호를 비롯한 175명이 붙들린 것이다. 133명은 곧 풀려났으나 김동삼·안창호·오동진 등 핵심 지도자 42명은 풀려나지 못했다. 일제가 이들을 자기들에게 넘기라고 주문하여 최악의 위기가 닥쳐왔지만, 만주뿐만 아니라 대한민국 임시정부를 비롯한 여러 지역의 동포 지도자들이 나서서 구명운동을 펼친 덕분에 이들은 21일 만에 모두 풀려났다. 그렇게 풀려나온 안창호가 제안하고, 정의부 간부들이 동참하고 나선 것이 바로 농민호조사였던 것이다.

농민호조사는 가난한 한인동포들의 생활 안정을 위해 생산 증가, 교육 발전, 위생 보건 수호 등 세 가지 목표를 잡았다. 그러면서 농민들에게 압박을 가하는 중국 관리들에 맞서 협상을 벌이고, 한인 집단농장을 확대·발전시키는 데 활동 목표를 두었다. 실제로 신안촌농장을 그렇게 늘려갔다. 거기에는 김응섭이 반석현과 길림현을 중심으로 한족노동당을 조직하여 농민들을 장악해 나간 방법이 원용되었다. 이런 과정에서 김동삼의 활약이 가장 큰 비중을 차지했다.

1925년을 지나면서 가장 긴급한 과제는 남·북만주에서 활동하고 있던 정의부·참의부·신민부 등 3부를 통합하는 일이었다. 마침 중국 관내 지역에서 시작된 유일당운동唯一黨運動이 3부 통합운동의 계기로 작용하기 시작했다. 유일당운동은 독립군 단체 위에 오로지 지도 정당 하나만 만들고, 이를 중심으로 삼아 정부를 운영하면서 독립운동을 펼치자는 것이었다. 이것은 나라 안팎을 가릴 것 없이 독립운동계에 떠오른 가장 심각한 문제인 이념적인 분화를 이겨낼 수 있는 길이기도 했다. 1926년 10월 안창호와 원세훈이 북경에서 대독립당촉성회大獨立黨促成會를 조직한 뒤에 그것이 상해와 남경, 그리고 무한과 광주로 확산되어 갔고, 국내에서도 이듬해 2월 신간회新幹會가 조직되었다. 그런 분위기 속에서 만주 지역의 유일당운동이 펼쳐진 것이다.

만주에서 이를 위한 첫 모임은 1927년 4월 15일부터 나흘 동안 길림 남쪽 영길현永吉縣 신안툰新安屯의 길흥학교吉興學校에서 열린 전만독립운동단체통일회의였다. 여기에 참석한 인물로는 김동삼을 비롯하여 오동진·고활신·현정경·현익철 등이 있었다. 안동 사람으로는 정의부 중앙위원 김동삼, 정의부 간부 이광민·김원식, 그리고 한족노동당 대표 김응섭이 대표적이다. 그러나 좌우 이념의 골이 워낙 깊어 실제 통합을 위한 논의 과정은 쉽지 않았다.

이에 김동삼은 강력한 '준정부' 조직인 3부를 통합해내는 것이야말로 통합의 가장 지름길이라 생각하게 되었다. 그래서 그는 금계마을 출신 김원식과 더불어 이를 해결하는 데 앞장섰다. 1928년 4월 북만주로 올라가 신민부를 방문하여 3부 통합의 필요성을 역설했다. 신민부 간부들과 마주앉은 자리에서 김동삼은 3부의 군부가 통합하지 않으면 안 된다고 힘주어 말했다. 광복을 위해 가장 필요한 것이 혈전血戰이고, 이 숭고한 사명 앞에서는 어떤 고집도 버려야 한다는 전제 아래, 독립군이 전쟁을 펼치자면 3부가 합작해야 하고, 따라서 이 합작은 지상명령至上命令이라고 단언한 것이다. 이 말에서 3부의 군사기관을 통합하려는 김동삼의 의지를 느낄 수 있다.

　3부를 통합시키기 위한 회의가 1928년 5월 12일부터 26일까지 세 차례 열렸다. 여기에 18개 단체의 대표가 참석하였다. 김동삼을 비롯하여 현정경·현익철·이청천·이규동 등 39명의 대표들이 모였고, 마침 상해에서 이상룡에 뒤이어 국무령에 오른 홍진洪震과 북경에서 유일당운동에 앞장서고 있던 박건병朴健秉도 방청객으로 참석했다. 여기에 참석한 안동 인물로는 내앞마을의 김동삼을 비롯하여 김원식·류연덕·류세진·이덕숙·이병화·이준형·김응섭 등이 있었다.

이들은 일제의 감시망을 따돌리기 위해 화전현과 반석현을 오가면서 회의를 가졌다. 반석현 남문 밖 대동농장에서 열린 마지막 회의에서, 김동삼은 현정경·현익철 등 20명과 함께 집행위원으로 선출되었다. 전민족유일당을 조직하기 위한 노력이 한 걸음씩 나아가고 있었다. 하지만 이 회의는 통합의 방법에 이견을 보이면서 두 가지 주장으로 나뉘기 시작했다.

　회의는 유일당을 조직하는 방법에 대해 두 가지 주장으로 나뉘었다. 활동해 오던 단체들을 바탕으로 삼으려는 세력과, 기득권을 없애고 맨 바탕에서 개인별로 참가하여 새로 조직을 구성하자는 세력으로 나뉜 것이다. 사실 이러한 분립 구도는 크게 볼 때 정의부와 ML파의 대립이었다. 정의부 다수파가 단체 본위로 민족유일당 준비 조직을 결성하자고 주장하자, ML파는 개인 본위로 중앙집권적인 성격의 민족유일당 준비 조직을 결성하자고 나온 것이다. 단체 본위냐 개인 본위냐는 것이 가장 큰 걸림돌이었다.

　이것은 간단해 보이지만 심각한 문제였다. 20년 가까이 만주 지역에 뿌리를 내리고 틀을 갖추어 왔던 세력이 있는 반면에, 바탕이 약한 신생 단체도 있기 때문이었다. 역사와 전통을 가진 단체는 단체 중심으로 가야 기득권을 유지할 수 있을 터이고, 신생 조직들은 그러한 기득권을 인정하지 않고 합쳐야 자신들의 몫을 더 챙길 수 있을 것이었다. 이렇다면 그동안 펼친 활동이나 영향력으로 보아 안동 출신 정의부 주역들은 기득권을 누릴 수 있는 단체 본위 조직론에 참가할 밖에 없지만, 실제로는 그 반대편에 섰다. 김동삼이 걸었던 노선이 바로 그랬다.

  단체 본위 주장자는 '전민족유일당조직협의회'(이하 협의회)로, 개인 본위 주장자는 '전민족유일당조직촉성회'(이하 촉성회)로 나뉘었다. 정의부처럼 만주사회의 주류에 속하는 조직은 단체 본위 조직론을 주장하는 협의회에 속하는 것이 당연하다. 그런데 김동삼을 비롯한 안동 출신의 주역들은 그런 상식과 반대로 개인 본위 조직론을 주장하는 촉성회 쪽에 섰다. 이는 내앞마을 사람들을 비롯한 안동 사람들이 소속 단체인 정의부의 다수 의견과 다른 목소리를 냈다는 뜻이다. 만주로 망명하여 15년 넘게 핵심 세력으로 활약해 온 이들이 여기에서 주류를 벗어나는 선택을 내놓은 것이다. 기존 단체를 그냥 두고 통합한다면 완전한 통합체를 만들어낼 수 없다는 판단 때문이었다. 기득권을 포기하지 않으면 큰 틀의 통합은 일궈낼 수 없다고 판단하여, 이 노선을 이끌어 간 인물이 바로 김동삼이었다. 그래서 그를 큰 틀에서 이해

혁신의회 조직 소식(《중외일보》 1929년 3월 22일자)

하고 평가하는 것이다.

1928년 8월부터 9월, 정의부가 촉성회를 부인하고 협의회를 지지하자 김동삼을 비롯하여 김원식·이청천·김상덕·이종건·이규동 등은 정의부를 탈퇴하였다. 안동 사람들이 힘을 모아 세운 정부조직체 성격을 가진 정의부에서 스스로 떠난 것이다. 고향을 떠나올 때도 기득권을 버리고 왔듯이, 이곳에서 20년 가까이 닦고 쌓아온 기득권을 역시 버리고 통합운동에 나선 것이다. 김동삼은 9월 길림성 신안으로 가서 다시 3부 통합을 시도했다. 그는 김좌진·심용준과 함께 이 문제에 매달렸다. 하지만 이마저도 결실을 거두지 못했다. 결국 이 회의도 3부 사이의 의견 차이뿐만 아니라 정의부의 주도력 고수, 신민부의 군정파와 민정파 사이 의견 충돌, 참의부의 내분 때문에 원만하게 합치점을 찾을 수 없었다. 더구나 동포들의 귀화와 자치운동이 펼쳐지던 당시, 그 방법을 둘러싸고서도 의견을 통일시키지 못했다.

김동삼은 촉성회 계열을 이끌고 새로운 조직에 착수했다. 1928년 12월 하순 조직한 혁신의회革新議會가 그것이다. 이를 논의하던 곳이 바로 길림성 안에 있는 김응섭의 집이었다. 여기에 김동삼만이 아니라, 함께 정의부를 뛰쳐나온 김원식·김상덕·이청천계에다가, 신민부의 김좌진·황학수 등 군정위원회 측, 참의부의 김희산·김소하 등이 힘을 합쳤다. 이렇게 조직된 혁신의회는 군정부를 세우는 데 목표를 두었다. 따라서 혁신의회는 어디까지나 군정부를 세울 때까지의 한시적인 조직으로써 성립되었고, 그 기간을 1년으로 잡았다. 이들은 목표를 향해 가는 한편, 유일대당을 만드는 것을 도울 것, 군사문제를 풀어가면서 적 세력의 침입을 막아낼 것, 합법적인 중국 지방자치기관을 조직할 것 등을 우선 사업으로 잡았다.

혁신의회 최고 지도자로서 내앞마을 김동삼의 위상은 단연 뚜렷했다. 김동삼이 의장을, 금계마을의 김원식이 중앙집행위원장을 맡았다. 혁신의회가 장악한 행정구역은 본래 3부가 관할하던 지역으로, 이를 3구로 나누어 만주 전역을 통할하게 하였다. 조직과 지역을 정비한 뒤, 혁신의회는 친일파를 찾아내고 숙청하는 데 힘을 쏟았다. 그 결과 1929년 해체될 때까지 선민부鮮民府와 한교동향회韓僑同鄕會 등 일제에 붙어 살아가는 기관들을 부숴버릴 수 있었다.

혁신의회의 목표는 어디까지나 독립운동을 이끌어 나갈 유일당을 조직하는 것이었다. 이를 위해 '민족유일독립당재만책진회'가 조직되었고, 이를 총괄하는 직책인 중앙집행위원장에 뽑힌 주인공이 바로 김동삼이었다. 중앙집행위원에는 김좌진과 전성호 등도 선출되었다. 김동삼은 북만주로 돌아간 김좌진과 손을 잡았다. 1929년 7월 김좌진은 북만주에서 한족총연합회韓族總聯合會를 조직하고 중동선中東線 일대를 관할할 수 있는 영안현寧安縣 산시역전山市驛前에 본부를 차렸다. 그러면서 김동삼을 회장으로 추대하고, 자신은 부회장을 맡았다. 이것은 남·북만주의 대표자가 손잡고 남북만주한족총연합회동맹을 조직하여 통일운동을 추진하려는 데서 나온 노력이었다. 그러나 이러한 노력도 1930년 1

월 김좌진이 피살되면서, 김동삼 중심의 인물들은 그 힘을 크게 잃게 되었다. 내앞마을 사람들이 남만주에 터 잡고 북만주에 교두보를 확보해 둔 상태에서, 다시 김좌진이 장악한 북만주 세력과 연계하여 큰 그림을 그려 나가려던 판에 김좌진의 죽음으로 일단 주저앉게 된 것이다. 이 난국을 수습하면서 나선 것이 1930년 7월에 조직된 한국독립당韓國獨立黨이자 한국독립군韓國獨立軍이었다. 통치 조직인 정당과 전투력을 갖춘 군대를 조직하고 편성한 것이다.

김동삼은 한국독립당 건설에 참여했다. 여기에는 홍진·이청천·황학수·신숙·이장녕 등 혁신의회에 참가했던 인물들도 주역으로 참가했다. 김동삼은 1911년 망명 이후 줄곧 주류에 속했었지만, 통합 방법을 둘러싸고 자신의 신념을 지키다가 어느 사이엔가 비주류로 떨어지는 위기를 맞았다. 그러나 그는 흔들리지 않고 자신의 뜻을 펴 나갔다. 그렇기에 한국독립당 고문이라는, 민족주의 계열에서 걷는 마지막 직책을 맡았던 것이다.

내앞마을 사람들은 사회주의에 별다른 거부반응 없이 자연스럽게 접목하였다. 한족노동당에도 참가했고, ML파의 영향을 받은 남만청년총동맹에도 쉽게 참가하였다. 그렇다고 김동삼을 비롯한 기존 지도급 인물들이 본격적으로 사회

재만반제국주동맹(《중외일보》 1930년 1월 22일자)

주의 운동에 뛰어든 것은 아니었다. 그러나 이와 달리 제2세대는 새로운 이념과 노선을 적극 받아들였다. 이광국李光國·이병화李炳華·한호韓浩(본명 김영로·김한호)·이영형李永衡 등이 그들이다. 내앞마을 출신으로 알려져 있는 한호는 뒷날 동북항일연군東北抗日聯軍에서 빛나는 공적을 보이게 된다.

한족노동당은 1928년 2월 재만농민동맹在滿農民同盟으로 바뀌었다. 코민테른의 영향 아래 있는 국제농민동맹에 가입하기 위해 택한 길이었다. 한인 농민들을 보호하고 소작권과 영구임대권을 확보하는 것이야말로 독립운동의 근거지를 탄탄하게 굳히는 것이기 때문이었다. 그래서 김동삼이나 김원식·김응섭은 재만농민동맹을 이끄는 한편으로, 재만한인반제국주의동맹在滿韓人反帝國主義同盟의 간부가 되기도 하였다. 게다가 코민테른이 1928년 12월에 발표한 '1국1당주의'에 따라 한인 공산주의자들이 중국공산당에 들어가게 되자, 김동삼은 한인의 독자적인 조직이 있어야 한다는 생각에 1929년 6월 조선공산당 재건설준비위원회와 이를 지도할 만주 지역 지도부인 만주부를 조직하는 데 앞장서고, 만주부의 민족부장을 맡기도 했다. 이념과 세력의 분화를 극복하기 위해 자신이 연결고리를 맡고 나선 것이다. 그렇다고 그가 공산주의를 받아들인 일은 없었다. 이념의 차이에 매여 한발도 내뛰지 못하는 사람들과 달리, 민족을 일으켜 세울 수만 있다면 그런 것에 얽매이지 않는 열린 자세를 보여준 것이다.

1930년 1월 초 김동삼은 김응섭·김원식·김상덕과 함께 재만한인반제국주의동맹을 결성하는 데에도 참가하였다. 이 동맹은 한인 농민들에게 일제와 동북군벌의 잔혹한 박해에 반대하고 반제·반봉건투쟁을 진행하자고 호소하였다. 이 사실은 투쟁의 방향을 일제와 봉건군벌로 돌렸음을 말한다. 대부분이 농업으로 살아가고 있던 한인 농민들의 삶을 위해서는 토지소유문제가 가장 중요했고, 따라서 이를 가로막는 일제와 군벌에 맞서는 것을 투쟁 방향으로 정한 것이다. 재만한인반제국주의동맹은 남만주 한인 농민들이 가장 관심을 갖고 있던 토지소유권문제, 반일·반봉건투쟁을 한국독립과 결부시켜 투쟁 방향을 확립함으로써 한인 농민들의 이익을 대표하는 단체로 떠올랐다. 더욱이 1929년 11월 광주에서 학생들의 항일투쟁이 일어난 뒤 국내에서 청년학생들이 만주로 많이 밀려들자, 김동삼을 비롯한 인사들은 이 동맹의 하부 조직을 곳곳에 만들었는데, 이를 주도한 인물도 김동삼이었다.

  1930년 10월 10일 김동삼은 중국 동북변방 부사령관인 장작상張作相을 만났다. 장작상이 길림성 지역에서 귀화한 한인 동포들의 대표를 불러 모으자, 김동삼이 4인 대표 가운데 한 사람으로 참석한 것이다. 그 자리에서 김동삼은 중국 당국으로부터 "종래 한인에 대한 취체取締 규정이 없어 무리한 경우가 있었음을 인정하고, 각 현에 엄명하여 한인 보호에 노력 중이니 양해 바란다."는 답을 받아냈다. 중국 관헌들에게 문제가 있었다는 사실을 확인받은 셈이다. 뿐만 아니라 중국 당국이 앞으로 언론기관을 통해 양 민족의 감정이 선회하도록 노력할 것이며, 현재 붙잡혀 있는 한인에 대해서는 좋게 대우할 것은 물론 모두 석방시킬 가능성도 있다는 이야기까지 들을 수 있었다. 이러한 장면은 김동삼의 발걸음이 동포들의 생활 안정에 큰 도움을 주었다는 사실을 보여주는 증거임에 틀림없다.

9

김동삼의 최후와 동북항일연군

1) 큰 별 김동삼 붙잡히다

　김동삼은 동지이자 사돈인 이원일과 함께 하얼빈 주재 일본총영사관 소속의 경찰에게 붙잡혔다. 1931년 10월 5일, 하얼빈 도외道外 십육도가十六道街의 우씨 성을 가진 사람의 집에서 검거된 것이다. 김동삼은 한국독립당 고문이면서 민족유일당재만책진회民族唯一黨在滿策進會 집행위원장을 맡아 줄곧 독립운동의 통합 작업에 힘을 기울이고 있었고, 이원일은 하얼빈 동쪽 아성현阿城縣의 주민회장을 맡고 있었다.

　1931년 9월 18일 일본군은 만주를 침공하고서 바로 북상하여 길림을 점령하였다. 사태가 급박하게 진행되자 김동삼은 급히 북상하여 하얼빈으로 이동했다. 그가 하얼빈역에 내린 때는 10월 4일 밤 11시, 이튿날 아침에 마중 나온 우씨 성을 가진 사람 집에 들러 아침밥을 먹은 뒤, 들이닥친 일제

【장춘】 조선○○운동의 거두 일향이 빈(哈爾賓)에서 체포되
【巨頭】로 수십년간 남북만(南北어 방금당지 일본영사관경찰서
滿)각지에서 활동하든 김동삼(日本領事館警察署)에서 엄중
(金東三一松)씨는 본월 십삼 한취조를 당하고 잇다한다

○○團巨頭
金東三被捉
남북 만주에서 수십년 활동
哈爾賓日領事館에

김동삼이 일경에 붙잡히다.
(《동아일보》 1931년 10월 21일자)

경찰에 붙들렸다. 그는 하얼빈 일본총영사관 유치장에 갇혔다. 하얼빈에 일본총영사관 자리는 두 곳이 남아 있는데, 김동삼 일행이 갇힌 곳은 나중에 옮겨진 건물로 하얼빈 역에서 그리 멀지 않은 언덕 위에 있었다. 하얼빈 일본총영사관은 당시 북만주 지역에서 일본의 최고 거점이었다. 정보수집과 통치, 독립운동가 추적과 검속, 일본 이권 사업 지원 등 일본의 전초기지이자 최전방 지휘부였던 것이다.

일본총영사관의 경찰은 김동삼 등을 악랄하게 고문하였다. 재빠르게 고문하여 많은 정보를 빼내 독립운동가들을 잡아들이자는 심산에서 그랬다. 하지만 김동삼·이원일·남자현南慈賢 세 사람은 결코 꺾이지 않았다. 김동삼은 오히

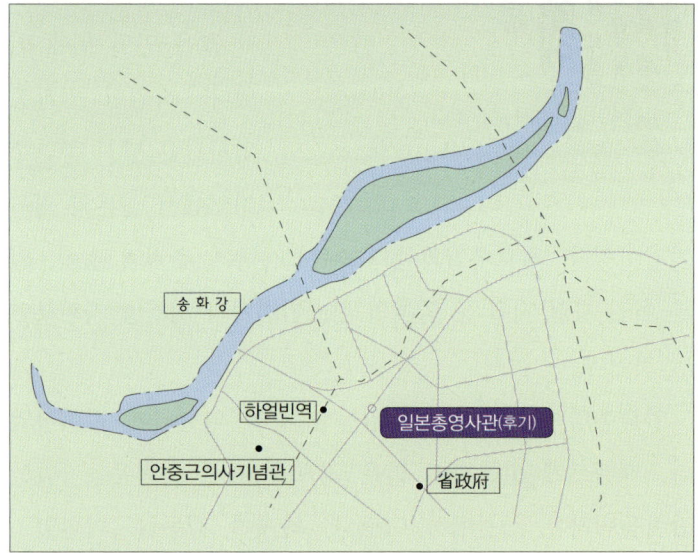

_ 하얼빈 총영사관(현재 하얼빈 화원 소학교) 사진과 위치

려 단식투쟁을 벌였다. 그 소식은 당시 신문에 보도까지 되었다. 1931년 10월 17일자 《조선일보》는 "할빈에서 체포된 김동삼 류치장에서 단식"이란 제목으로 그 소식을 실었다. 붙들린 지 사흘이 지난 10월 8일, 일제는 가족들을 동원하여 그를 회유하기 시작했다. 맏아들 정묵과 가까운 집안 동생 김정식이 불려 갔다. 김정식은 만주 망명 초기의 큰 인물이었던 김대락의 조카이자 김소락의 아들이며, 취원창을 개척한 한 사람이다. 이들은 단식을 그만두라고 말을 건넸지만, 김동삼의 태도는 조금도 변함없었다. 고문이 얼마나 지독했던지, 남자현은 죽음 직전의 상태에서 가족에게 인계되었다. 풀려나서 근처 여관으로 옮겨진 남자현은 곧 숨을 거두었다.

국내로 와서도 김동삼과 이원일의 저항은 이어졌다. 신의주지방법원 검사국에서 취조와 심문조서 작성, 그리고 예심 과정으로 1년을 보내고, 1932년 11월 19일 신의주지방법원 공판으로 넘어갔다. 12월 26일 열린 판결에서 김동삼은 10년형을, 이원일은 3년형을 선고받았다. 이들은 서울로 옮겨졌다.

김동삼과 이원일이 국내로 이송된 직후에, 만주 독립운동계의 가장 큰 별이었던 이상룡이 숨을 거두었다. 1932년 5

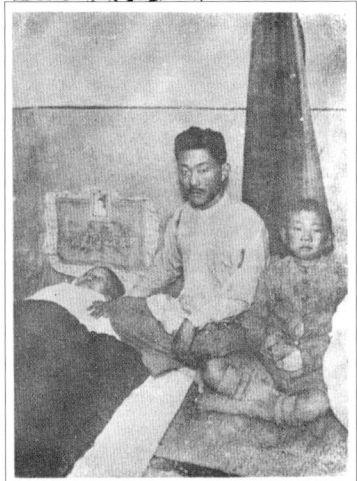

《조선일보》
1931년 10월 17일자(위)
순국 직전의 남자현 여사
(《독립혈사》 제2권)(옆)

월 12일 서란현舒蘭縣 소과전자촌燒鍋甸子村에서 최후를 맞은 것이다. 한편 김만식은 군자금을 모금하기 위하여 무수히 국내를 출입하던 가운데 고향에 갔다가 병을 얻어 1933년에 작고하였다. 또 아들 김성로를 청산리전투에서 잃은 김규식은 심양에서 동아여관을 열어 동포들의 연락거점 구실을 맡다가 1920년대 후반에 오상현五常縣 안가촌安家村에 정착하였는데, 1944년 8월 일제 경찰에 붙잡혀 간 뒤 실종되고 말았다.

2) 동북항일연군 제1사장, 한호 장군

1930년대를 장식한 항일투쟁조직으로 동북인민혁명군東北人民革命軍과 동북항일연군의 활약이 돋보인다. 이것은 중국공산당 만주성위원회에 속하는 항일부대였지만, 그렇다고 순전히 중국인들만의 군대가 아니라 이념이나 민족의 차별 없이 항일전쟁에 나선 세력을 모두 포함한 부대였다. 부대에 따라서는 한인들이 오히려 주력을 이룬 경우도 있었다. 그러니 이 부대는 한중연합군의 성격을 띤다. 여기 참가자들의 나이는 대부분 20대였다. 1910년대에 만주로 망명할 때 그들의 나이는 열 살 전후였지만, 망명 생활을 거치면서 20대에 이르렀으니, 망명 2세대인 셈이다.

동북인민혁명군은 1933년에 결성되었다. 당시 만주 지역에는 남만주를 중심으로 조선혁명당朝鮮革命黨의 조선혁명군이, 북만주와 동만주를 중심으로는 한국독립당의 한국독립군이 각각 활약하고 있었다. 그러다가 이청천이 이끌던 한국독립군 주역들은 1934년에 중국 본토의 남경으로 이동하였고, 남만주 일대에서는 조선혁명군이 1937년까지 전투를 벌였다. 그러는 사이에 중국공산당이 한중연합군 성격을 가진 동북인민혁명군을 만들었다. 동북반일연합군이라는 이름으로 움직이는 부대도 있었는데, 1936년 들면서 이를 통틀어 동북항일연군으로 이름을 바꾸고 편제를 개편하였다.

동북항일연군은 1936년에 결성되기 시작하여 1938년까지 조직을 확대시켜 나갔다. 이 부대는 크게 중국공산당 남만주성위원회 소속 제1로군, 길동성위원회의 제2로군, 북만주임시성위원회의 제3로군으로 구성되었다. 이 가운데 한인들이 많이 소속된 부대는 제1로군의 1·2군, 제2로군의 4·5·7군이었다. 가장 고위직인 군장에 이른 인물로 허형식(3군)과 이학복(4군)이 대표적이며, 뒷날 북한의 주석이 되는 김일성은 제1로군 2군 소속 제6사의 사장으로 활약했다.

1938년에 3만 명이나 되던 동북항일연군은 일본군의 본격적인 공격을 받으면서 약화되었고, 1940년에는 1천여 명으로 줄어들었다. 새롭게 조직을 재편할 필요를 느낀 동북항일연군은 소련 지역으로 이동한 뒤, 1942년 7월 동북항일연군교도려東北抗日聯軍矯導旅(일명 88여단)라는 부대를 편성하였다. 전체 대원 1,500명 가운데 한인이 290여 명이었는데, 이들은 1945년 9월 19일 원산을 통해 입국하였다.

동북인민혁명군과 동북항일연군은 중국공산당이 지도하는 무장부대지만, 엄밀히 말하면 항일에 동조한 중국인과 한인이 연합해 조직한 한·중항일연합군이었다고 말할 수 있다.

동북인민혁명군과 동북항일연군에서 활약한 안동 사람들도 적지 않았고, 빛나는 인물도 많았다. 그 가운데서도 가장 눈에 들어오는 인물이 한호[金韓浩·金翰浩]다. 그의 활동과 지위는 김일성보다 앞선다는 평가를 받는다. 그의 이름은 다양하다. 가장 많이 등장하는 이름이 한호·김한호·김한걸 등이며, 김수길金翰浩이란 이름도 보이는데, 이는 한자를 잘못 옮긴 것 같다. 그의 본명과 출신지에 대해 북한 사회과학원 력사연구소가 1971년에 발간한 《력사사전》 1권에는 '1906년 안동 임하면 천전리 출신 김영로'라고 적혀 있다. 이곳이 바로 안동시 임하면 내앞마을이요, 김대락과 김동삼의 마을이다. 그렇다면 항렬이 로魯가 되고, 김대락의 문중에 속한다는 말이다. 김대락의 손자 항렬이 그렇기 때문이다. 그런데 고향마을의 족보에 그의 이름은 확인되지 않는다. 워낙 어린 나이에 어른들의 손에 이끌려 만주로 갔을 뿐만 아니라, 부모마저 일찍 살해되는 바람에 기록에서 빠진 것이 아닌가 짐작할 뿐이다.

《력사사전》에는 한호, 곧 김영로가 극빈 농가 출신으로서 가족들과 만주 화전현으로 이주하여 성장하고 동만주 일대에서 활약하다가 1931년 초반에 감옥살이를 거쳤다고 적혀 있다. 중국 기록에는 그의 주거지가 화전현 횡도하자향橫道河子鄕 대와붕촌大窩棚村이라고 나온다. 또《력사사전》에는 한호가 1935년부터 동북항일연군의 제1군 제1사 사장으로 활동했고, 1936년 6월 환인현 알호라이 근방에서 일본군·만주국군에 맞서 전투를 지휘하다가 전사했다고 적혀 있다. 이러한 중국과 북한 측의 기록을 종합해 보면, 한호의 활동은 다음과 같다.

1905년생인 그가 역사의 무대에 등장한 때는 중국공산당에 가입한 1930년이다. 그는 1931년 1월, 혹은 그 이듬해에 만주공농의용군 제4군 제1종대에 참가하였다고 전해진다. 그 무렵 적의 공격으로 부모가 살해당하는 참극이 벌어졌고, 이를 전후하여 만주공농의용군 제4군 제1종대에 들어갔으며, 제2대대장을 맡았다. 이 부대는 반석현유격대, 혹은 반석유격대로도 불린다.

그의 승전 소식은 1933년 1월부터 연거푸 터져 나왔다. 1933년 1월 반석유격대는 중국노농홍군 제32군 남만유격대

동북인민혁명군 제1군 전투서열(1934년 무렵)

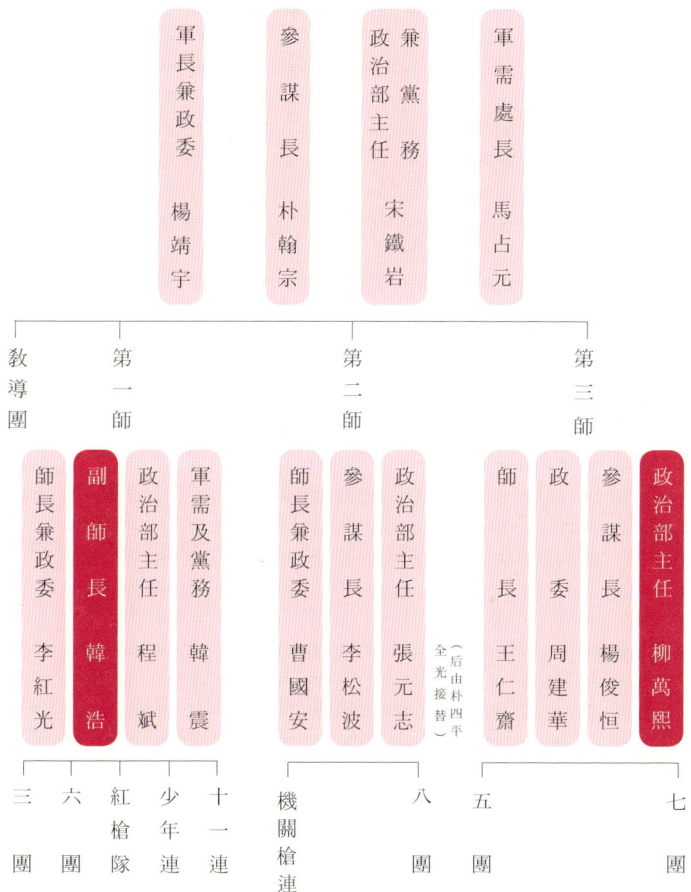

_ 한호와 안동출신 류만희(양정우 열사 능원 전시패널)

로 정식 이름이 붙여졌고, 양정우楊靖宇가 정치위원, 이홍광이 교도대 대장, 박종한이 제1대대장, 그리고 김한호(한호)가 제2대대장이 되었다. 대대 병력은 요즘 한국의 중대 병력과 비슷했다. 32군 소속의 남만유격대 제2대대장이 된 한호는 바로 그해 1월 삼원포에 주둔하던 만주국 군대를 공격하여 경찰서와 국도공정국을 부수고, 통화주재 일본영사관 계사국장稽查局長을 사로잡은 뒤 많은 무기를 빼앗는 큰 공을 세웠다. 또 같은 달에 반석현 호란진呼蘭鎭 곽가점郭家店에서 만주군 1개 영營을 섬멸하고, 다시 길해철도吉海鐵道 파괴 공작에 나서서 그 이름을 떨쳤다.

1933년 가을에 남만유격대가 동북인민혁명군으로 개편되면서 제1군 독립사가 만들어질 때, 그는 제3퇀장(단을 퇀이라 부름, 부대 단위)에 임명되었다. 뒷날 동북항일연군이 만들어질 때 이 부대가 제1군 제1사가 되는데, 한인이 중국인보다 많은 부대였다. 1933년 3월 그가 이끄는 제3단이 노야령老爺嶺을 관통하는 철길 양측과 수도동隧道洞 터널 입구에서 기찻길의 못을 빼내고 매복하고 있다가, 일본군이 경호하는 철갑차가 궤도를 벗어나 혼란에 빠지자마자 공격하여 일본군을 모조리 섬멸하였다. 10월에는 일본군 1사단이 만주군 1만 2천 명과 버리하투에 근거지를 마련하고 '동변도 추계

대토벌'작전을 벌이기 시작했다. 이에 독립사 주력 3단은 휘발하輝發河 남쪽으로 이동하여, 몽강濛江·휘남輝南·김천金川·유하·통화 등지로 옮겨 가며 전투를 벌였다.

1934년 그는 동북인민혁명군 제1군 독립사 제3단장 겸 부사장을 맡았다. 8월에 일본군 가나이다[鐵板] 사령관이 봉천(심양)에서 출발하여 통화 일대를 시찰한다는 첩보가 도착했다. 양정우와 이홍광이 이끄는 독립사는 한호가 이끄는 제3단 병력을 주력으로 하는 350명 병력을 통화 일대 산성진 부근에 매복시켰다. 그곳에서 가나이다를 저격할 임무를 받은 인물이 바로 제3단장 한호였다.

한호는 가나이다 일행의 출발 시간과 행선지 통과 일정 등을 상세히 알아낸 뒤 곧 매복전을 준비하였다. 8연連과 9연의 80여 명 병력을 통화현 이밀하二密河에 매복시켰다. 병력을 2대로 나누어 40명은 증원군을 차단하는 임무를 맡았고, 다른 40명은 다시 20명씩 두 조로 나누어, 1조는 기관총과 수류탄으로 화력망을 구성하며, 2조는 돌격조가 되어 일본군을 마지막 한 사람까지 섬멸한다는 작전을 세웠다. 그리고서 먼저 두 사람을 내려보내 도로를 수리하는 부역꾼으로 변장시켜 서성거리게 만들었다. 마침내 가나이다 사령관과 수행원, 그리고 경호 병력을 태운 23대 자동차 행렬의 선두가 도착하자, 부역꾼으로 위장한 두 사람이 행렬의 속도를 늦추었고, 그 틈을 타 산 위에 매복하던 부대가 수류탄을 던지며 기습 공격을 펼쳤다. 이 바람에 가나이다 사령관이 그 자리에서 죽었다. 한호는 돌격대를 이끌고 쳐내려가 대좌 1명을 비롯하여 장교와 병졸 100여 명을 사살하였다. 더불어 군용차 11대를 격파하고, 경기관총을 비롯하여 150정이 넘는 보총과 권총, 그리고 많은 탄약을 손에 쥐었다. 아군의 피해가 없이 엄청난 전투 성과를 거둔 것이다.

  1934년 겨울에는 한밤중에 3단 소속 9연과 11연 70여 명 병력을 이끌고 목우자木孟子에서 만주군을 공격하여 공소公所 5·6칸을 불살랐다. 또 환인현에서 적 200명과 교전한 뒤, 이튿날 산 위에 매복했다가 적을 또 다시 공격하여 대승을 거두었다. 1935년 춘절春節(1월 1일)에 한호는 환인에서 만주국의 대상인들이 일본인에게 보내는 송년화물을 실은 큰 차를 발견하고서, 이를 공격하여 빼앗아 부근 군중에게 나누어 주었다. 그리고 그는 군중을 모아 반일회反日會를 조직하도록 만들었다. 3월에는 환인 와자구洼子溝에서 일본 군수비대를 공격했고, 부대가 만주군 100여 명에게 포위되자 7명을 이끌고 포위망을 뚫기도 했다.

  1935년 그는 제1군 제1사장이 되었다. 경기도 용인 출신으로 한호의 직속상관이던 제1사장 이홍광이 환인현과 흥경현의 접경지인 노령老嶺에서 일본과 만주국의 연합군과 격전을 벌이다가 중상을 입고, 5월에 환인현의 밀영에서 전사하였기 때문이다. 본래 부사장을 맡고 있던 한호가 그 뒤를 이어 제1사장이 된 것이다.

1936년 6월, 그는 합달령哈達嶺 부근에서 일본군에 매복전으로 맞서서 승리를 거두었다. 중국 기록에는 "일본군과 주구들이 항일유격대를 포위, 소탕하기 위해 해룡현海龍縣 산성진山城鎭에서 유하현 삼원포로 이어지는 도로를 건설하고 있었는데, 삼원포에 머물던 국도공정국장의 출장 정보를 확인하고서 한호가 제2대대 70여 명을 이끌고 유하현 입문자砬門子 합달령 근처에 매복했다가 일행을 습격하여, 20분 전투에 차량 1대 불사르고 적 3명을 사살하여 도로 건설 공정을 늦추었다."고 적혀 있다.

그런데 그의 최후에 관한 기록이 모호하다. 위에서 본 것처럼 1936년 6월 합달령 부근에서 승리를 거둔 기록이 있는데, 이보다 한 해 앞선 1935년 8월에 전사했다는 기록도 있기 때문이다. 1935년 8월 13일, 환인현과 통화현의 경계인 강산崗山 이도구에서 전사했다는 것이다. 그 내용을 보면, 통화에서 환인으로 오는 공로를 내다보며 매복하던 한호가 일본군이 도착하자 습격하였고, 그가 제1선에서 전사들과 작전을 벌여 적 30여 명을 사살하였는데, 일본군의 반격이 강해지자 직접 전사 30명으로 돌격대를 편성하여 공격하다가 적탄에 맞아 숨졌다는 것이다.

엇갈리는 기록이라 확인하기 힘들다. 그가 1936년 6월에 벌였다는 합달령 전투가 1935년의 것일 수도 있겠고, 아니면 뒤의 전사 내용이 1936년의 기록일 수도 있다. 다만 북한의 기록에도 그의 죽음이 1936년으로 적혀 있어서, 그의 전사 시기가 1936년이 아닐까 짐작한다.

동북항일연군에서 활약한 안동 사람으로는 한호 외에도 두 사람이 더 있었다. 유일한 부녀무장부대를 이끌고 전투를 벌이다가 전사한 김노숙金魯淑은 사월동 출신이고, 제1군 제3사 정치주임으로 활동하다가 1940년 전사한 류만희柳萬熙(본명 류영준柳永俊)는 풍천면 도양리 출신으로 짐작된다. 이들은 만주 지역에서 가장 마지막까지 항일전쟁을 펼친 안동 사람이자 한국인들이다. 한호는 내앞마을 출신으로서 최후 항전을 장식한 인물이다.

10

북만주 이동과 고난, 그리고 취원창 개척

1) 북만주로 가는 험한 길

1920년 경신참변을 당한 독립운동의 현장은 처참하기 이를 데 없었다. 그 가운데서도 서간도 지역은 동포사회가 터전을 굳히고, 그를 발판으로 삼아 서로군정서를 비롯한 독립군 조직이 단단히 뿌리를 내린 지역이었다. 하지만 일본군의 만행은 하루아침에 동포사회의 뿌리마저 흔들어 놓았다. 일본은 만주군벌에게 신무기를 공급하여 환심을 사면서 한인 동포사회를 붕괴시켜 나가는 전략을 펴나갔고, 이것이 이어진다면 독립운동은 치명적으로 당할 수밖에 없었다. 그렇다고 국내 진공작전을 비롯하여 항일 독립전쟁을 꿈꾸면서 길러온 독립군과 조직을 모두 없앨 수도 없었다. 국내로 진공하자면 가장 좋은 지역이 바로 서간도였기 때문이다. 고민 끝에 내린 결론은, 활동을 펼쳐야 할 독립운동가들은 서간도에 남고, 그 가족들은 북만주로 이동하여 새로운 기지를 개척하자는 것이었다. 그렇다고 기지 개척이 독립운동과 관련이 없는 것은 결코 아니다. 비교적 안전한 후방에 기지를 만들고, 그것이 독립군이나 독립운동 조직의 후원 세력으로 자리를 잡게 만든다는 계획이었다. 그 계획대로 압록강에서 가장 가까운 통화와 유하현 일대에 터를 잡았던 한인사회는, 1910년대 중반을 넘어서면서 점차 액목이나 길림 가까운 곳으로 북상하던 분위기가, 경신참변을 거치면서 길림에서 오상이나 하얼빈까지 급하게 올라가는 현상을 보였다. 하얼빈에서 다시 철도를 이용하여 서쪽으로는 치치하얼 쪽으로, 또 동쪽으로는 영안쪽으로 옮겨 갔다.

하나의 사례를 보자. 김동삼은 동생 김동만이 일본군에게 참살을 당하자 그의 가족들을 북만주로 보냈다. 그러자면 이를 이끌고 갈 인물이 필요했다. 그래서 고향마을에서 사촌동생 김장식을 불렀다. 김동삼은 그에게 가족들을 이끌고 북만주로 가는 일은 물론, 또한 그곳에 기지를 개척하라는 임무도 주었다. 김장식은 만주에 도착하자마자 사촌 형수가 되는 김동삼의 아내 박순부, 김동삼의 큰아들 김정묵 내외와 작은 아들 김용묵, 김동만의 아내와 아들 김경묵, 이원일의 부모를 비롯한 그 가족까지 이끌고 북상길에 올랐다. 이

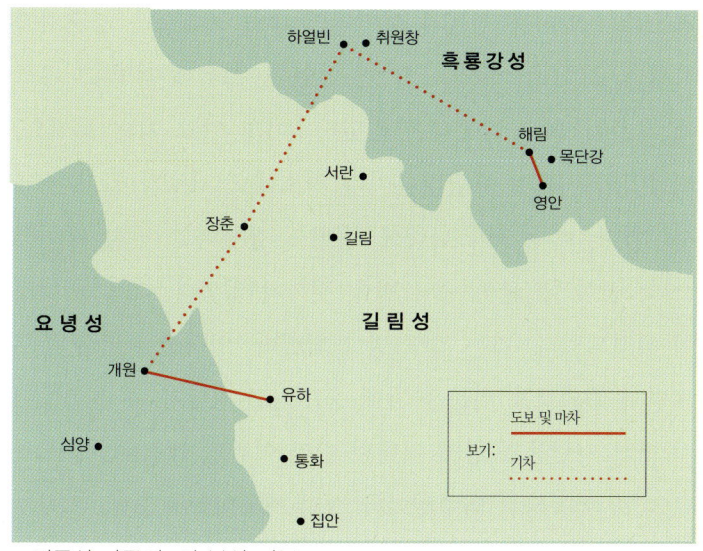

_ 김동삼 가족의 1차 북상 이동로

들은 북만주 영안현 주가툰周家屯(지금의 영안현 강남 조선족·만주족 공동 자치향)으로 급히 옮겨 갔다.

가는 길이 쉬울 리가 없었다. 망명하던 무렵 유년기였던 아이들이 청소년기를 지나고 있었다. 그런데 며칠이 걸릴지도 모르는 먼 길인데다가 서로 부대끼며 가야 하는 험한 행로에 스무 살이 가까워진 사내아이와 계집아이가 서로 조심하며 동행하기란 여간 불편한 것이 아니었다. 생각하던 끝에 아이들을 미리 결혼시키고서 출발하기로 가닥을 잡았다.

김동삼의 맏아들 정묵과 이원일의 맏딸 이해동을 결혼시키고서 길을 나선 이유가 거기에 있었다. 그런데 정작 그 자리에 혼주가 되는 김동삼은 없었다. 이미 알고 지낸 동지요, 이원일의 처가가 내앞마을이니 평소에도 서로가 알고 지낸 사이였다. 김동삼이 나중에 들어도 잘했다고 말할 사이였으니, 급한 데 굳이 승낙 받을 것까지 없었다. 그렇게 여정이 시작되었다. 가는 길도 멀고 험했다. 얼어붙는 발을 주무르면서 종일토록 튀는 마차에 웅크리고 가다가 큰 온돌방에서 다른 사람들과 함께 지내는 값싼 여관인 쾌점快店에서 묵고 다시 이동하길 일주일이나 걸려 개원開源에 도착, 기차로 하얼빈으로 간 뒤 동쪽 목단강牡丹江 방향으로 이동하여 해림海林으로 갔다. 이원일 가족은 그곳의 여하呂河라는 마을에 터를 잡았고, 김동삼 가족은 해림역에서 남쪽 40리 거리에 있는 영안현성 소재지인 영고탑寧古塔으로 갔다가, 다시 현성에서 10리 떨어진 주가툰에 도착했다. 삼원포를 떠나서 한 달 동안이나 이동해 온 것이다. 이해동은 출발할 때 조부모와 모친, 자매들과 떠났지만, 도착했을 때는 시집 가족들과 지내는 처지로 바뀌어 있었다. 내앞마을 사람들을 비롯하여 다른 안동 사람들의 이동도 비슷했다. 얼마 뒤인 1924년에 정의부가 만들어지면서는 정의부가 나서서 북만주에

_ 취원창 거리

동포사회를 건설하기에 이른다.

2) 북만주에 개척한 취원창 이야기

 북만주에 터를 잡은 기지 가운데 대표적인 곳이 하얼빈 동쪽의 취원창이다. 취원창에 터를 잡는 데 앞장선 사람들은 두 가지 특징을 보였다. 하나는 안동과 영덕 인물이 맨 처음 발을 디딘 핵심이었다는 점이고, 다른 하나는 이들 대부분이 남만주 독립군 단체인 한족회·서로군정서·통의부 소속 간부였다는 점이다. 이들은 앞의 김동삼과 이원일 가족들의 북상 사례에서 보듯이 경신참변을 당한 직후 길을 나서기 시작했다. 제2의 경신참변이 일어나지 않으리라는 법이 없었기 때문이다.

취원창에 터를 맨 처음 잡은 사람은 영덕군 창수면 출신 박의연 형제들이었다. 우선 좁은 면적의 논밭을 구하여 벼농사를 시작했고, 점차 넓혀 나갔다. 여기에 내앞마을 사람으로 일중一中 김정식이 합류하였다. 그는 1911년 망명한 뒤 부민단과 한족회에 몸을 담고 활약하였는데, 1920년 국내로 파견되어 독립자금을 모집하다가 일경에 붙잡혀 3년 동안 옥고를 치렀다. 1923년 출옥하자마자 김정식은 새로운 기지를 개척하는 임무를 맡았고, 조카 김문로를 비롯한 가족들을 이끌고 이곳에 왔다. 1924년 취원창에 발을 디딘 다음 그는 농장 개간을 주도해 나갔다. 김정식의 형 정산井山 김조식도 몇 년 뒤 취원창 하동농장 개간에 참가하고, 여러 아들 형제들을 데리고 이주하였다. 그의 맏아들 김문로는 15세에 이미 숙부 김정식을 따라 취원창에 도착하여 개척에 참여했고, 뒷날 구장을 지냈다. 그의 쌍둥이 동생 김원로金元魯 · 김인로金仁魯와 김윤로金允魯 · 김천로金天魯(김대황) 등도 그곳에 있었다. 김형식의 10촌이 되는 김영식金寧植과 그의 딸 김창숙 · 김후로 · 김재로金在魯, 김영식의 동생 김종식金

_ 김정식(왼쪽)과 김조식(오른쪽)

鍾植, 김시태 4형제 등도 있었다.

김동삼의 가족도 잠시 이곳에 발을 디뎠다가 흩어졌는데, 뒤에 다시 모였다. 처음 북상하여 영고탑에 머물던 그들은 1930년대에 들면서 하얼빈 피난민 수용소에서 취원창으로 옮겼다. 김장식이 이끌고 올라갔던 그곳에 김동삼의 아내 박순부, 맏아들 김정묵과 이해동 내외, 둘째 아들 김용묵 내외, 김동만의 아내와 아들 내외 등이 머물렀다.

김형식은 농장이 개간되기 시작한 뒤 2년이 지나 취원창에 도착하여 농장을 넓히고 동포사회를 지도하였다. 또한 앞에서 본 것처럼 김동삼 가족을 이끌고 북상한 김장식도 취원창 기지를 개척하는 데 참가한 내앞마을 사람 가운데 한 명이었다. 김형식이 취원창에 도착할 무렵, 이상룡의 동생 이봉희 3부자도 합류하였다.

취원창에 김정식 가족이 도착하던 1924년, 학교도 문을 열었다. 동원학교東源學校라는 이름으로 문을 연 이 학교에 이상룡의 매부인 영덕군 축산면 출신 무안박씨 종손 박경종이 교장을 맡았다. 그도 1924년 화전현에서 이곳으로 옮겨 왔다. 2대 교장은 박의열, 3대 교장을 내앞마을의 김형식이 맡았고, 4대이자 마지막 교장은 이상룡의 조카 이광민이 담당했던 것으로 알려진다. 일제의 만주침공 이후로는 당국이 직접 나서서 공립학교로 바꾸었다. 이 학교를 다닌 인물로 김동삼의 큰 손녀 김덕축이 있다. 이곳 농장은 뒷날 해체될 때까지 20년 넘도록 독립운동가와 그 가족들이 영향력을 행사한 곳으로 알려진다.

취원창은 배극도강을 사이에 두고 하동농장과 하서농장으로 나뉜다. 300정보가 넘는 땅에 200호 넘는 사람들이 모여들었으니, 거대한 한인사회가 형성된 것이다. 1930년대에 들면서 여기에 동익상점同益商會이라는 가게가 만들어졌고, 중국인 상점도 들어설 정도로 번창하였다. 김동삼의 둘째 아들 김용묵이 여기에 힘을 보탰다. 그리고 내앞마을 사람들이 터를 잡은 곳으로 이곳에서 그리 멀지 않은 곳에 오상현 안가촌도 있었다.

내앞마을 사람들이 북상하여 취원창을 개척한 이야기는 앞에서 살펴보았다. 이제 그곳에서 그들의 이어진 삶을 살펴볼 차례다. 취원창을 개척하는 데 김정식의 기여도도 높았다. 그는 동서인 함안 출신 김두종과 연락하며 그의 형 김서종과 취원창 개척에 뛰어들었다. 김정식은 경신참변 때 옥고를 겪은 뒤, 1923년에 풀려난 자신을 찾아온 아버지 김소락을 모시고 잠시 심양에서 살았다. 그러다가 이듬해에 아버지는 귀국하고, 자신은 하얼빈으로 이동하였다가 취원창으로 들어갔다. 이때 귀국한 김소락은 경주 양동의 옥산서원玉山書院 원장을 지내다가 다시 내앞마을로 돌아와 1929년 작고하였다.

김형식은 취원창에 오기 앞서 영안현에 머물렀다. 1923년 상해에서 열린 국민대표회의에 참석했다가 가을에 만주로 돌아온 그는, 양자 김정로가 살던 영안에 도착하여 쉬었다. 마침 그곳에 대종교 3세 교주로 취임한 윤세복이 대종교 본부를 설치하자 그와 사귀면서 그의 아들 윤필한을 사위로 맞았다. 1924년에 전만통일회 중앙위원에 피선되었으나 신병으로 취임하지 못했고, 1925년에는 정의부 민사위원장에 뽑혔으나 역시 건강 때문에 사양하였다. 이해에 이태형(이명준)을 셋째 사위로 맞았다. 그는 뒷날 자신이 정리한 《선고유고》를 이 셋째 사위에게 맡겨 오늘에 전하도록 했다. 그는 건강이 회복되자 1927년 민족유일당운동에 참여하였고, 양자 정로와 함께 취원창으로 옮겨 살면서 민족학교 교장을 맡았다.

김형식에게 1935년부터 액운이 닥쳤다. 둘째 딸과 며느리 황씨가 사망하고, 자신의 부인도 병을 앓다가 1938년에 세상을 떠난 것이다. 1936년 아들 정로가 어린 시양時洋을 데리고 귀국하여 김형식이 홀로 남게 되자, 이번에는 종질 문로가 부친같이 모셨다. 하지만 그것도 오래갈 수 없어 새로 부인 엄씨를 맞았다. 1937년 회갑을 맞았고, 1937년에 아들 직로를 낳았다. 이 무렵 이상룡의 유해를 취원창으로 옮겨 묻게 되자 그가 비문을 썼다. 김형식은 1940년 사촌 규식과 함께 삼원포 남산에 있는 아버지 김대락의 무덤을 찾아 가토加土하고 지석 대신 흰 사발을 무덤 앞에 묻어 두었다. 그 뒤 세 식구는 길림성 영길현 강밀봉江密峰에 있던 사위 이태형의 집에서 살았다. 태평양전쟁이 일어나 정세가 험악해지자, 그는 1943년에 직로 모자를 고향으로 보내고 홀로 취원창으로 돌아왔다. 그는 또 사위 이태형에게 무신론·미신타

파·남녀평등, 그리고 제사를 지낼 때 남녀와 적서의 차별을 타파할 것 등을 강조하고, 이상룡의 《대동역사大東歷史》를 민족사상으로 소개했다. 1944년 그는 연안延安의 독립동맹(조선의용군)에서 파견한 이상조로부터 독립동맹 북만지부 책임자로 위촉되어 독립운동의 마지막 불꽃을 피웠다.[25]

"1945년 해방이 되자 하얼빈 방면의 소식을 들으니 공은 조선독립동맹 북만지부 책임자 명의로 김두봉의 초청을 받아 평양으로 회국하셨다고. 그 뒤 혁명자후원회 회장에 당선, 남북연석회의 당시(1948년 4월 19일) 개회식에 사회하셨다는(임시의장) 소문을 들었다. 그 뒤 혁명자후원회에서 공작하시다가 연로 퇴직하고 금강산 장안사 국영양로원 휴양 중인데 …… 금강산에 전화戰火가 미치자(1950년 가을) 외인(미군-필자주)에게 수욕을 당하는 것보다 차라리 …… 구룡폭에서 자진하셨다." 향년 74세였다.[26]

김형식의 삶과 최후에 대해서는 김문로의 아들 김시진의 증언으로도 전해진다. 김문로는 김형식의 조카로서 취원창 시절에는 사실상 보호자 구실을 맡았다. 그의 아들 김시진이 아버지 김문로가 남긴 마지막 말을 고국에 돌아와 전하고

_ 취원창 기지를 운영하던 김문로

있는데, 그 내용이 대체로 김형식의 사위 이태형이 남긴 자료와 같다. 김시진은 김형식이 자신을 호위하던 인민군 보위병 두 사람에게 산에서 내려가라고 명령하고, 두 손을 모아 합장한 뒤 구룡폭포에 투신하였다고 전한다.

한편 김대락의 동생으로 끝까지 신교육에 반대하던 김소락의 후손들은 모두 취원창에 살았다. 김소락은 조식·홍식·정식 3형제를 두었는데, 앞에 나온 정식이 바로 셋째 아들이다. 조식의 아들 세로·문로·원로·인로·윤로·천로(대황)가 취원창에서 살았고, 세로의 아들 시연·시정·시항·시곤도 이곳에서 청소년기를 보냈다. 김홍식은 미국으로 건너가 기독교 목사로 활약했는데, 그에게는 문로가 양자로 들어갔다. 그리고 정식은 철로·성희 등 4남매를 두었는데, 그들도 하얼빈과 취원창을 오가며 어린 시절을 보냈다. 그리고 김동삼의 사촌 장식과 아들 정묵·용묵 4남매, 경신참변 때 세상 떠난 동생 동만(찬식)의 아들 경묵의 가족이 살았다. 그리고 생가로 김대락의 종질(양가로는 재종질)인 영식과 종식 형제가 살았는데, 종식은 취원창 중국 국민학교 교사를 역임하고 해륜현海倫縣 국민학교 교장으로 전임되었다가 해방 직후에 작고했다.[27)]

처음 취원창에 학교를 세우고 김형식이 교장을 맡아 민족 교육에 이바지하였던 것은 북만주에 살면서도 민족을 잃지 않으려 한 정성으로 특별히 기억되어야 한다. 취원창 조선족 민족학교는 1932년 괴뢰 만주국이 건립되면서 폐쇄당하고 만주국 학교로 운명이 바뀌었는데, 지금도 취원창(지금의 거원진) 거리 복판에 학교가 남아 있다. 취원창 동서마을에서 구장(이장)과 흥농회장을 맡고 있던 김문로와 김시태(연)는 문중의 일도 앞장서 돌보고 있었다.[28)]

김정식은 만주사변 와중에 김서종과 앞뒤로 하여 잡혀갔다. 그는 잠시 풀려났다가 1933년 음력 설날에 다시 끌려갔다. 그때 김정식의 가정은 하얼빈 도리道裡 매매가賣買街에 살고 있었는데, 겨울에는 취원창 농장에 머물며 거기서 설을 맞았다고 한다.[29)]

취원창에서 독립운동을 전개할 때 하얼빈과 파언·목란·

주하(상지)·아성 등지로 연락할 사항이 있으면 그것은 문중의 청소년이 담당하여 동분서주하였다. 김천로(대황)가 독립운동 연락원으로 활동했다는 이해동의 회고가[30] 바로 그러한 경우를 대표한다고 말할 수 있겠다. 그렇게 보면 누구도 독립운동에 기여하지 않은 사람이 없을 정도였다. 혹은 김정묵이 맡고 있던 동익상회의 거래망을 이용하고, 혹은 김문로와 김시태(연)의 흥농회 업무망을 이용하고, 혹은 김시걸(항)이 맡고 있던 청년훈련대 연락망을 이용하여 독립운동을 위장했던 사례가 화제로 남아 있다.[31]

김형식은 몇 년 사이에 딸과 며느리를 잇따른 병마로 잃고 양자 정로를 고향으로 돌려보낸 뒤 한때 외로운 나날을 보내고 있었다. 그러다가 자신을 돌봐줄 아내를 다시 얻었고, 그렇게 얻은 늦둥이 직로 모자는 1943년 내앞마을로 돌아왔다. 한편 고향으로 돌아온 정로는 두문불출하고 논밭에만 드나들 뿐이었다. 저녁에는 두문동 72현과 사육신의 유문遺文만 외우면서 이웃과도 교우하지 않고 살다 갔다.

끝으로 취원창으로 옮겨 가 살았던 내앞마을 사람들을 그 이름만 정리해 본다.

> **취원장으로 옮겨 가 살았던 내앞마을 사람들**
>
> 김경묵金敬默, 김귀생金貴生, 김덕생金德生, 김동삼金東三, 김문로金文魯, 김문생金文生, 김복생金福生, 김성생金聖生, 김성희金星姬, 김세로金世魯, 김송희金松姬, 김시곤金時坤, 김시연金時延, 김시정金時鼎, 김시항金時恒, 김영경金英京, 김영식金寧植, 김용묵金容默, 김원로金元魯, 김원생金源生, 김윤로金允魯, 김인로金仁魯, 김장생金長生, 김장식金章植, 김재로金在魯, 김정묵金定默, 김정숙金正淑, 김정식金政植, 김조식金祚植, 김종식金鍾植, 김준생金濬生, 김중생金中生, 김창숙金昌淑, 김창희金昌姬, 김천로金天魯, 김철로金轍魯, 김태대金泰大, 김형식金衡植, 김후로金厚魯

3) 독립운동의 텃밭, 여인들의 이야기

만주로 간 내앞마을 사람들을 이야기하자면, 어머니와 아내, 그리고 딸들의 이야기를 빼놓아서는 안 된다. 남자들이야 독립운동 조직의 부서와 직책이 있어 무엇을 했는지 짐작이나 가능하고, 또 이것을 가지고 독립유공자로 포상하는 기준으로 삼는다. 하지만 그들이 움직일 수 있도록 뒷받침한 여자들은 어떻게 표현하기도 힘들다. 무슨 직위가 있는 것도 아니고, 남자현처럼 직접 항일투쟁을 벌인 기록이 있는 것도 아니기 때문이다.

독립운동가들의 험난한 역정을 헤아리면서도 그들 뒤의 보이지 않는 곳에서 살다간 사람들의 비명과 아픔은 알 수가 없다. 김대락은 아녀자들이 시달리던 풍토병을 적으면서 가슴저려 했고, 증손자가 아파도 치료할 방법이 없을 때는 애가 타서 잠을 이룰 수 없었다. 이상룡도 매부에게 보낸 편지에서 풍토병으로 몸이 붓고 부스럼이 나며 팔다리가 마비된다면서, "지금 현상으로 보건대 광복은 고사하고 종족마저 멸망당할 위기가 닥쳤다."라고 썼다. 김대락의 여동생이자 이상룡의 아내인 김우락은 귀가 먹고 심한 천식에 시달렸다. 이상룡의 동생 이봉희는 황달로 고생하고, 질부는 종기로 고생하다가 거듭 혼수상태요, 손자 이병화는 피부병으로, 다른 가족들도 풍습진과 각기병으로, 증손자 도증을 비롯한 아이들은 홍역과 오랜 설사로 고생하는 이야기를 거듭 적었다.

  아녀자들의 삶은 정상적일 수 없었다. 독립운동가 부친과 남편을 뒷바라지하고 아이들을 길러야 했다. 그것도 정상적인 수입이 있는 것이 아니었고, 경험도 없는 농사에 매달렸지만 흉년을 거듭 당하는 어려운 나날이었다. 그런 속에 결혼하고 아이 낳고, 어른 모시고 병수발을 들고, 생활비를 마련해야 하는 고난의 나날들이었다. 더구나 마적과 중국 군인들의 노략질에 그나마 목숨을 보전하는 것만으로도 고마워할 따름일 정도였다. 그러니 무슨 행복이니 하는 말은 머

_이해동

릿속에 그려볼 틈도 없었다.

이런 형편이니 부녀자들 없이 어떻게 독립운동이 가능했겠나. 이해동의 기록도 마찬가지다. 젊다기보다는 어린 나이에 결혼한 이해동은 시아버지 김동삼을 세 번 만났다. 마지막으로 만난 것이 하얼빈 일본총영사관 감옥이었고, 바람처럼 지나다 잠깐 만난 것은 두 번이었다. 그렇다면 김동삼의 아내 박순부는 어땠을까. 김동삼이 일제에 잡히기까지 활동하던 20년 동안 남편을 본 것이 한 번 아니면 두 번이었다. 남편과 시아버지를 만나는 대신 이들은 북만주에 독립운동을 지원하는 후방기지를 만들어야 했고, 마적을 피하면서 생계를 이어나가야 했다.

그래도 남편이 어디엔가 살아만 있어도 다행이라 여길 만했다. 김동삼의 동생 김동만이 1920년에 일본군에게 참혹하게 죽임을 당했을 때, 그 아내의 삶은 말로 표현하기 힘들었다. 일본군의 총에 맞고 머리가 반쯤 잘린 참혹한 장면에 김동만의 아내는 실성했고, 정상적인 생활이 불가능해졌다. 별 방법을 다 써 보아도 회복되지 않자, 고향으로 보내면 혹시 좋아질지도 모른다는 생각에 귀향시켰다. 이해동은 시숙모에 대해 이렇게 썼다.

> 시숙모(김동만의 아내-필자주)의 정신병은 남편(김동만-필자주)이 삼합포에서 왜놈에게 총살당한 충격이 원인이라 하겠다. 시숙모의 친정은 진성이씨이니 나의 친정과 일가이고, 양반집 규수로 남편 따라 이국땅에 와서 고생하는 것만도 슬픈 일인데, 남편이 비명으로 목숨을 잃게 되어 삼십이 넘어 중년 과부가 되니 그의 마음이 한시도 편할 수 없는 것은 충분히 이해된다. …… 그때 시숙모는 나무 막대기를 손에 쥐고 장가까지 간 아들을 때리겠다고 따라 다니면서, 저녁에는 아들 며느리를 방에도 못 들어오게 하고 하루 종일 횡설수설하고 다니니 보기가 딱하였다.

남편을 잃은, 그것도 참혹하게 잃은 아내의 슬픔과 충격을 어찌 그대로 느낄 수 있을까. 그저 막연하게나마 짐작하

_ 김동삼 가족사진. 서대문형무소에 갇힌 김동삼에게 보내기 위해 찍은 것이다.

고 헤아릴 수밖에 없다. 그 참담한 날, 어찌 생각하면 모두가 원망스러웠을 수도 있다. 좋은 고향산천을 떠나와서 상상하지도 못한 고생을 겪어야 했고, 더구나 하늘처럼 여기던 남편을 눈뜨고 볼 수 없을 만큼 참혹한 모습으로 떠나보내야 했던 양반집 규수 출신 아녀자는 억장이 무너졌을 터이니, 그 고통을 조금은 헤아릴 만하다.

이런 정황에 생각해 낸 해결책이 김동만의 부인을 고향 친정으로 보내 안정시키는 것이었다. 고향에 사연을 알린 뒤,

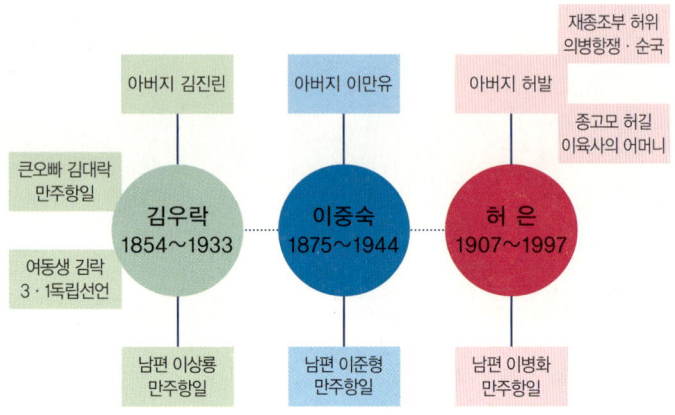

_ 여성을 중심에 놓고 보는 독립운동가 가계(이상룡 집안 사례)

그를 보냈다. 마침 농사철이라 데리고 갈 사람도 없었기에, 마치 짐 부치듯 떠나보냈다. 그 모습을 이해동은 이렇게 적었다.

> 흰 무명천에다 이름을 쓰고 고향 목적지를 먹으로 써서 저고리 등 뒤에 꿰매고 하얼빈에서 국내로 가는 화차에 태워 보내는 방법이다. 당시 정신병이 있는 사람을 그런 방법으로 태워 놓으면 승무원이 도착 정거장까지 데려다 주는 것이다.

그렇게 김동만의 아내는 화물 신세가 되어 고향 안동으로 돌아왔다. 그래도 역시 고향은 좋았다. 몇 년 뒤, 상태가 좋아지자 그는 다시 북만주로 아들을 찾아 갔다. 김동만 부인의 이야기는 희귀한 사례가 아니다. 만주에 독립군 기지를 건설하다가 사라진 수많은 독립운동가들의 가족 이야기 가운데 하나일 뿐이다. 그처럼 어려운 곳에서, 그렇게 힘든 세월을 살아갔다. 그러면서도 꺾이지 않고 버틴 것이 독립운동의 바탕이요 텃밭이었다.

그곳에서 태어난 아이들의 성장과정도 어렵기만 했다. 김동삼이 아내 박순부를 만난 일이 20년 사이에 한 번 아니면 두 번이었다. 1922년 초 북만주 영안현 주가툰을 찾아온 김동삼이 이틀 밤을 머물다 홀연히 떠난 뒤, 아내가 태기가 있어 딸 영애를 낳았다. 그 딸은 아홉 살에 하얼빈 일본총영사관 반지하실 감옥에서 한 달 동안 고문을 당해 몰골이 송연한 아버지 김동삼을 처음 만났다. 고개도 들지 못했으니 아버지 얼굴을 모르는 것이나 마찬가지다. 그리고서 다시는 아버지 얼굴을 뵙지 못했고, 만주를 떠돌다가 56년 세월이 흐른 뒤인 1988년 서울 현충원 김동삼 묘역 앞에 엎드려 통곡하고, 이듬해 세상을 떠났다. 그 어린 딸아이가 만주에서 살아간 험한 날들을, 가슴에 덩어리로 맺힌 그 아픔을 어찌 모두 헤아릴 수 있으랴.

이제까지 독립운동가를 이야기하는 동안 이 여성들은 잊혀져 왔다. 만주로 간 남자들 이름이야 스스로도, 또 일본군 문서에도 드러나지만, 부녀자들의 이름은 찾을 길이 없다. 족보를 봐도 이름이 없으니, 이들의 삶과 공적을 찾아 밝히려고 들어도 그저 누구 아내라고 말할 수밖에 없는 실정이다. 더구나 호적에도 오르지 않은 인물이 다수가 아닌가.

독립운동이나 만주생활을 말하면, 늘 남자 중심으로 그림을 그려 왔다. 독립운동가 3대라면서 이상룡과 이준형, 그리고 이병화라는 3대를 중심에 놓고 생각해 왔다. 하지만 이제 독립운동을 존립할 수 있게 만든 뿌리이자 바탕인 여인을 중심에 놓고 보자.

김동삼의 경우를 보자. 아내 박순부, 며느리 이해동, 둘째 며느리, 제수 등 여인들이 모두 그러했다. 이들의 뒷받침과 희생 없이 김동삼의 역사가 가능했으리라고는 아무도 말하지 않을 것이다. 그럼에도 여인들은 늘 역사의 무대에서 벗어나 있거나 잊혀져도 좋은 존재가 되어 왔다.

---

25) 조동걸, 〈전통 유가의 근대적 변용과 독립운동 사례: 안동 천전문 中川前門中의 경우〉, 《안동역사의 유교성향》 우사 조동걸 저술전집 12,

역사공간, 2010, 172-175쪽.

26) 조동걸, 〈전통 유가의 근대적 변용과 독립운동 사례: 안동 천전문중川前門中의 경우〉,《안동역사의 유교성향》우사 조동걸 저술전집 12, 역사공간, 2010, 175쪽.

27) 조동걸, 〈전통 유가의 근대적 변용과 독립운동 사례: 안동 천전문중川前門中의 경우〉,《안동역사의 유교성향》우사 조동걸 저술전집 12, 역사공간, 2010, 168~169쪽.

28) 조동걸, 〈전통 유가의 근대적 변용과 독립운동 사례: 안동 천전문중川前門中의 경우〉,《안동역사의 유교성향》우사 조동걸 저술전집 12, 역사공간, 2010, 169쪽.

29) 조동걸, 〈전통 유가의 근대적 변용과 독립운동 사례: 안동 천전문중川前門中의 경우〉,《안동역사의 유교성향》우사 조동걸 저술전집 12, 역사공간, 2010, 170쪽.

30) 이해동,《만주생활 77년》, 명지출판사, 1990, 110쪽; 조동걸, 〈전통 유가의 근대적 변용과 독립운동 사례: 안동 천전문중川前門中의 경우〉,《안동역사의 유교성향》우사 조동걸 저술전집 12, 역사공간, 2010, 171쪽.

31) 조동걸, 〈전통 유가의 근대적 변용과 독립운동 사례: 안동 천전문중川前門中의 경우〉,《안동역사의 유교성향》우사 조동걸 저술전집 12, 역사공간, 2010, 171쪽.

11

국내에 남은 사람들의 항일투쟁

1) 3·1독립선언과 파리장서

주역들이 썰물 빠지듯 만주로 망명한 뒤, 내앞마을에는 허허로운 바람만 맴돌았다. 빈 마을처럼 변해버린 곳이었지만 일제 감시는 줄어들지 않았다. 만주에 기지를 건설하고 있는 사람들을 지원해야 하는 몫이 남은 사람들에게 주어진 탓이었다. 항일투쟁에 나선 인물들이 대다수 만주로 망명하였으므로 남아 있는 사람들은 이들을 지원하는 일에 매달렸다. 그러다가 일제의 감시를 따돌리고 추가로 망명하는 인물도 나왔다. 이런 형편이었으므로 1910년대 항일투쟁 전선에 나선 인물은 사실상 없었다. 에너지가 다 빠져나갔기 때문이다. 1915년에 광복회가 조직되었을 때, 김후병이 고문으로 활동했다는 정도가 이 시기의 유일한 활동이라 여겨진다. 그 흐름은 3·1운동에 가서도 마찬가지였다. 마을 사람

_ 청계종택과 파리장서의거에 참여한 김병식(《고등경찰요사》)

들이 임하면사무소가 있는 신덕에서 펼쳐진 만세운동에 참 가하기 위해 반변천 물을 건너가는 장면을 기억한다는 증언으로[32] 보아 이 마을 사람들이 만세운동에 참여한 것은 분명해 보인다. 다만 이로 말미암아 붙잡히거나 형벌을 받은 사람은 없다.

3·1독립선언에서 마을 사람들의 동정과 달리 '파리장서'에 서명한 인물이 나온 점은 문중과 마을의 위상에 걸맞은 일이었다. 1919년 3·1독립선언이 온 나라에 메아리 칠 때, 주역에서 비켜나버린 유림들이 역사적 몫을 다하겠다면서 추진한 거사가 파리장서(제1차 유림단의거)였는데, 여기에 내앞마을 종손 김병식이 서명자로 참석한 것이다.

파리장서는 3·1운동 직후에 일부 유림세력이 파리강화회의에 우리의 독립을 요구하는 긴 청원서[長書]를 보낸 일이다. 이 거사는 서울에서 안동 하계마을 이만도의 아들 이중업李中業을 비롯하여 김창숙金昌淑·김정호金丁鎬·류준근柳濬根·유진태俞鎭泰·윤중수尹中洙 등이 논의하면서 시작되었다. 김창숙이 스승 곽종석을 만나면서 급진전되고, 충남 지역에서도 같은 일이 추진되고 있다는 사실이 알려지면서 그 지역 유림의 거두인 김복한金福漢과 그 계열 인물들이 여기에 합류하였다. 두 지역 대표를 비롯한 137명이 대리 서명자 없이 모두 직접 서명하였다. 이를 중국으로 가지고 가서 번역을 거쳐 프랑스에 가 있던 김규식에게 보냈다. 이러한 거사가 노출되어 주역들은 일경에 붙잡혀 옥고를 치렀다.

유림들은 장서에서 "평화회의를 개최한다는 소식을 듣고서 우리는 모두 용기를 갖고, 만국이 평화롭게 된다면 우리도 만국의 하나이니 우리의 평화도 당연한 것"이라고 주장했다. 또 그들은 오랜 역사 속에 흘러온 민족 역량을 내보이면서 "차라리 몸이 묶여 죽더라도 맹세코 일본의 노예가 되지 않겠노라."고 주장하였다. 이 장서는 강력한 독립의지를 표명하고 있어서, 파리강화회의에 대해서는 독립청원서 구실을, 일본에 대해서는 독립선언의 의미를 가지고 있었다.

파리장서의거에 서명자로 참여한 내앞마을 사람이 바로 큰 종가 종손인 김병식이다. 그는 이미 협동학교 교장을 맡아 퇴계문화권에 혁명적 변화가 일어나는 터전을 만들었던 인물이다. 안동 인물로는 파리장서 논의 단계에서부터 앞을 치고 나간 이중업과, 장서를 상해로 가지고 나가는 데 기여한 오미마을의 김응섭, 예안면 주진리 출신으로 류인식의 아버지인 류필영, 도산면 하계마을 이만도의 동생인 이만규李晚煃, 정재 류치명의 손자이자 의병 출신인 무실마을의 류연박柳淵博, 서후 금계동의 김양모[金瀁模, 익모翊模] 등이 여기에 동참하였다.

3·1운동에서는 이 마을 출신 김락金洛이라는 여성을 빼

백하구려

놓을 수 없다. 김락은 내앞마을에서 도사 벼슬을 지낸 김진린의 4남 3녀 가운데 막내딸로 태어났다. 맏오빠가 김대락이고, 맏형부가 이상룡이다. 그녀는 도산면 하계마을 이중업의 아내가 되었으니, 곧 이만도의 맏며느리이다. 안동문화권의 보수성을 대표할만한 집안 출신이면서 또 그만한 집의 안주인이 된 것이다. 김락이 30대였을 때 시어른이 의병장으로 활약하였고, 48세 되던 1910년에는 나라를 잃자 시어른이 24일 단식하여 순절하였으니, 그 과정을 모두 지켜본 것이다. 1910년대에는 남편과 두 아들이 모두 독립운동에 나섰다. 그러다가 1919년 3월 예안에서 독립선언이 진행되자, 57세의 초로가 된 그녀는 만세시위에 앞장섰고, 그로 인해 일본군 수비대에 끌려가 고생하던 끝에 두 눈을 실명하고 11년 동안 고통받다가 세상을 떠났다. 비록 하계마을 사람의 활동이지만, 그 근본이 내앞마을에 뿌리를 둔 것이므로 여기에 언급하고 넘어간다.

2) 1920년대 청년운동과 임하청년회

1920년대 들어서도 내앞마을 사람들은 항일투쟁에 꾸준히 나섰다. 협동학교 설립에서부터 앞으로 나선 김후병은 1920년 서울에서 조선교육회朝鮮敎育會 이사로 활약하면서 정인호鄭寅琥가 주도한 구국단救國團에 가입하여 대한민국 임시정부를 지원하는 일에 힘을 쏟았다. 군자금을 모아 보내기도 하고, 임시의정원의 의원후보자를 추천하기도 했다. 그러다가 1920년 12월 일제 경찰에 붙잡힌 김후병은 이듬해 경성지방법원에 넘겨져 고초를 겪었다. 그는 또 교육구국운동에 매달렸다. 이것은 협동학교 이후로 줄곧 힘을 기울였던 분야이기도 했는데, 1923년 3월 조선민립대학기성회朝鮮民立大學期成會가 논의되자, 그는 경성지방부의 발기 모임에 참여하였다. 1920년대 전반기 민족주의 우파계열의 대표적

백운정과 임하 청년회 창립 기사 (《동아일보》 1925년 9월 19일자)

인 활동인 교육구국운동에 그가 참여하고 있었던 것이다.

1920년대 청년회가 전국을 휩쓸 때 안동에서도 안동청년회가 만들어졌고, 내앞마을에서는 임하청년회臨河靑年會가 조직되었다. 1925년 9월 12일 마을 건너편 언덕에 있는 백운정白雲亭에서 창립총회가 열렸다. 이 자리에 참석하여 활동한 인물로는 교육부 집행위원 김응로, 교육부 및 상무집행위원 김정식, 조사부 및 상무집행위원 김성대金成大, 서무부 및 상무집행위원 김세로金世魯, 체육부 집행위원 김시린金時麟 등이 확인된다. 이 가운데 김세로는 얼마 뒤 만주로 망명길에 올라 하얼빈 동쪽 취원창에 살다가 1940년에 사망하였다.

임하청년회 간부 가운데 내앞마을 출신으로 확인되지 않는 사람도 몇몇 있다. 조사부 집행위원 김병희金秉熙, 서무부 및 상무집행위원 김원익金元益, 상무집행위원 김정석金正錫이 있고, 신덕이나 금소마을 출신으로 짐작되는 체육부 집행위원 임병영林炳永, 상무집행위원 임하박林夏迫 등의 이름도 보인다.

3) 흠치교에 참가하여 펼친 민족종교투쟁

1920년대 항일투쟁에는 민족종교 활동도 있었다. 차경석車京錫을 교주로 삼는 흠치교가 내앞마을을 비롯하여 안동지역에 상당히 널리 확산되고 있었던 것이다. 한자로 우다교吽哆敎라고 쓰지만 흠치교라고 읽었다. 동학을 계승한 강일순姜一淳이 1902년 증산교甑山敎를 만들고, 1909년 그가 죽은 뒤에 차경석이 한 줄기를 이어가며 보천교普天敎라 이

김병문 · 김술로 · 김주로 판결문(1921년 대구지방법원 안동지청)

름 붙이고서 교세를 넓혀갔다. 안동 지역에 확산된 흠치교는 바로 차경석의 계열이었다. 3·1운동을 경험한 일제는 이 조직이 확산되어가자 위험요소로 받아들이고 이를 철저하게 무너뜨리는 데 노력하였다. 흠치교가 자금을 모으고 세력을 늘리는 것만이 아니라 민족의 독립을 염원하거나 추구하고 있다고 판단하면서 이를 누를 방안을 찾아 나선 것이다. 흠치교에서는 1924년 갑자년에야말로 천지개벽으로 나라가 독립된다는 이야기가 나돌았고, 이를 퍼트리는 사람들이 있어 거듭 확산되어 갔다. 이러한 선전은 독립을 간절히 바라던 민중들에게 새로운 희망의 빛으로 작용하였고, 덕분에 교세도 빠르게 커져 갔다. 그러자 일제 경찰은 끝내 탄압에 나섰고, 많은 사람들이 잡혀 옥고를 치렀다. 여기에 내앞 마을 사람들의 존재가 여럿 확인된다.

　김시태金時兌(1896~1979, 341번지)는 김희팔金羲八이라는 이름도 사용했는데, 1920년 음력 10월 흠치교 교단의 8인조에 가입하여 경북 일대에서 교세를 넓히면서 국권회복운동에 힘을 쏟았다. 김술로金述魯(1898~1946, 193번지)는 마을 뒷산에서 흠치교에 가입하고, 김시태와 같은 활동을 펼쳤다. 김병문金秉文(1894~1967, 268번지)도 1920년 8월경(음력) 안동군 풍산면豊山面에서 흠치교에 가입하고, 독립이 될 것이라고 선전하면서 자금 모집 및 교도 증대에 힘을 쏟다가 일제 경찰에 붙잡혔다. 김주로金宙魯(1895~1963, 이명 김내홍金乃洪, 111번지)는 내앞마을 뒷산에서 흠치교에 가입하고, 자금 모집 및 교도 포섭에 힘을 쏟다가 붙잡혀 고생하였다.

4) 신간회 안동지회에 참가하다

　1920년대 중반에는 독립운동 노선에서 분화 현상이 선명하게 나타났다. 3·1운동 과정에서 전단을 통해 사회주의 용어가 퍼진 뒤로 1920년을 지나 1924년쯤에 이르면 청년운동과 노동·농민운동 조직들이 대체로 사회주의를 받아들이게 된 것이다. 그런 바탕 위에 1925년 조선공산당이 결성되

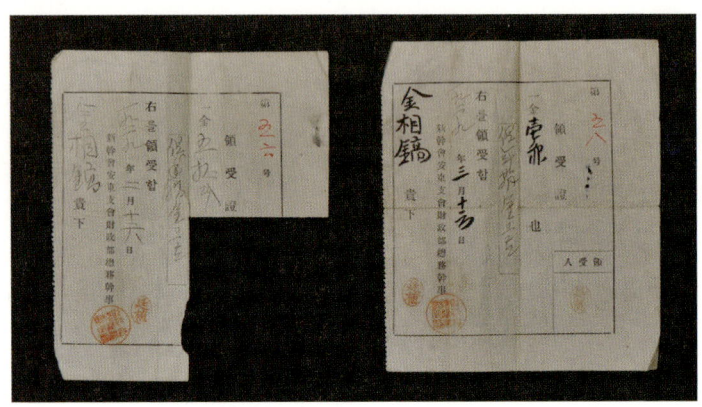
_ 김공망의 신간회 안동지회 영수증

었다. 독립운동 선상에서 좌우라는 줄기가 형성되자, 민족 문제를 해결하기 위해 두 노선이 힘을 합치자는 좌우합작 노력도 나타났다. 나라 안에서는 1926년 융희황제 순종의 장례에 맞춰 일어난 6·10만세운동이 그랬고, 나라 밖에서는 유일당운동이 그것이었다. 따라서 1920년대 후반은 나라 안팎에 걸쳐 좌우합작이 도모되던 시대라고 말할 수 있다. 그 가운데 국내에서 펼쳐지고 일본으로도 확산된 좌우합작운동이 신간회新幹會와 근우회槿友會였다.

안동에서도 1927년 7월에 준비 모임이 있었고, 8월 26일 신간회 안동지회가 조직되었다. 처음에 197명 회원으로 시작되었으나, 700명을 넘어서 평양 다음으로 규모가 큰 지회로 발전하였다. 회장은 좌우 세력 모두로부터 추앙을 받고 있던 류인식이 추대되었고, 부회장에 정현모鄭顯模, 총무간사 권태석權泰錫 외 23명의 간부가 뽑혔다. 워낙 규모가 큰 지회였으므로, 그 아래 반班 조직을 두고 활발하게 활동을 폈다.

신간회 안동지회에 참가한 내앞마을 사람으로는 김공망金公望·김정식·김후식金厚植이 대표적이다. 김공망은 본명이 김상호金相鎬이고, 공망은 그의 자字이다. 그는 1925년 안동청년연맹에 참가하였던 인물인데, 1895년부터 이듬해에 걸쳐 안동의병에서 소모장으로 활약한 김준모金濬模의 증손자이다. 청년운동에서 좌파 노선을 걷기 시작한 그는 신간회를 거쳐 1930년대에 들어서는 조선공산당재건투쟁으로 방향을 잡아 나갔다. 김정식은 앞의 임하청년회에서 얼굴을 내민 인물이다. 그는 신간회 안동지회에서 1928년 조직부, 1929년 간사 및 대표회원, 1929년 조사부원 및 집행위원으로 활약하였다. 그리고 김후식은 267번지 출신인데, 대구 교남학교 고등과를 다니다가 중퇴하고서 고향에 돌아와 농사를 짓던 인물로, 신간회 안동지회에 가입하여 활동하였다.

5) 안동 코뮤니스트 그룹

1930년대 들어 일제 통치가 전시 수탈 체제로 나아가면서 민중들에게 극심한 고통을 주기 시작했다. 이럴 때 항일투쟁은 1920년대에 펼쳐진 농민운동·노동운동·학생운동·청년운동·여성운동 등 대중운동을 이어 나갔다. 하지만 조선공산당이 무너지고 광주학생항일투쟁이 파도처럼 지나가면서 신간회가 해체된 뒤로는 조직적인 항일투쟁은 약화되었다. 그러자 사회주의 운동가들은 당을 새로 건설하려는 운동을 밀고 나가기 시작했다. 그 방향은 지식분자 위주의 당으로부터 농민·노동자·소부르주아지 등 대중에 바탕을 두고 아래로부터 위로 전위당을 재건한다는 것이었다. 재건 방식은 농민·노동자 등 기층민중 속으로 들어가 이들을 결집하여 혁명적 대중조직을 건설하고, 그 토대 위에서 당을 재건한다는 방침이었다. 예컨대 혁명적 농민조합·노동조합 등 대중조직을 먼저 건설하고, 이들을 기초로 해서 조선공산당을 재건한다는 것이 그 핵심이었다.

이에 따라 조선공산당 재건운동과 결합하여 1930년대 전반기 전국 각지에서 혁명적 농민조합·노동조합·학생조직 등 대중운동 조직이 결성되었다. 이들의 조직형태나 운동노선은 1920년대 대중운동과는 크게 달랐다. 합법적 표면단체

_ 김후식

가 아닌 비밀지하조직으로 결성되었던 것이다. 운동양상도 일반적인 소작쟁의나 노동쟁의·동맹휴학 등 종래의 방식에서 벗어나 주로 식민통치기관에 직접 대항하는 정치투쟁으로 전개되어 종래의 경제권익투쟁 차원을 뛰어넘었다. 이리하여 대중운동이 1930년대 국내 독립운동의 주류를 이루게 되었다.

여기에 내앞마을 사람들도 참가하고 나섰다. 김공망과 김후식이 그 주인공들이다. 이들 두 사람이 1931년에 안동에서 만들어진 안동 코뮤니스트 그룹(줄여서 안동콤그룹)에 참가한 것이다.

안동콤그룹이 만들어지던 과정을 짧게나마 살피는 것이 순서일 것이다. 안동 출신 주역들이 1925년부터 1928년까지 조선공산당 투쟁을 벌이다가 일제에 붙들려 옥고를 치르던 가운데, 그 뒤를 잇는 인물들이 1930년 '경북공산당 사건'에 얽혀 대거 붙잡히는 바람에 안동의 사회운동은 심각한 위기에 빠졌다. 여기에다가 1931년에는 신간회 안동지회마저 해체되기에 이르러 대중운동의 구심점이 사라져 버렸다.

이에 대처하고자 새로운 조직이 논의되었으니, 안동콤그룹의 출범이 여기에서 비롯하였다.

안동콤그룹을 만든 주역은 안상윤·이필·권중택 등이었다. 이들은 1931년 3월 20일 밤, 안동읍 남문 밖 들판(당시 안동역 예정부지)에서 회합을 가졌으며, 여기에서 안상윤이 '콤그룹'이라 일컫는 비밀결사를 조직할 것을 제의했다. 이에 이필과 권중택이 안상윤의 제의에 동의하고 지도조직 부서를 결정함으로써 안동콤그룹이 결성되었다.

결국 이들의 목적은 조선공산당을 재건하는 데 있었다. 1920년대 전국의 대표급 인물을 배출하고 왕성한 역량을 자랑하던 안동 사회주의 운동을 계승함과 동시에 신간회 해소론에 서서 노동자·농민을 물질적 바탕으로 삼는 조선공산당을 다시 세우는 데 뜻을 두었던 것이다.

안동콤그룹은 결성과 동시에 그 지도부서를 조직하였다. 이를 살펴보면 안상윤을 책임비서, 이필을 교양부위원, 권중택을 조직부위원으로 결정하였다. 또 이들은 면 단위로 활동구역을 나누어 안상윤이 와룡·임하·풍사豐四(풍산 지역 4개 면인 풍산·풍서·풍북·풍천)를, 이필이 예안·도산을, 권중택이 안동읍을 각각 담당하여, 지역별로 야체이카를 조직하기로 하였다.

안동콤그룹 보도 기사(《동아일보》 1933년 7월 15일자)

바로 이때 내앞마을을 중심으로 안동콤그룹의 하부조직이 탄생하였다. 1931년 7월 중순에 만들어진 임하그룹이 그것이다. 이 임하그룹의 핵심인물이 바로 김공망·김후식이었다. 이들은 내앞마을에 있던 임하청년동맹지부회관에 모여 안상윤의 권유를 받고서 안동콤그룹에 가입했다. 그리고서 비밀리에 임하그룹을 조직하였다. 이들은 그룹 아래 적농부와 반제동맹을 두었으며, 권오범權五範을 비롯하여 모두 7명의 조직원을 두고, 류동철柳東徹과 김덕규金德圭를 각각 임동면과 길안면의 세포조직원으로 확보하였다. 김공망은 임하그룹 아래 적색농민조합을 결성하고, 김후식은 반제부를 맡앉다.

안동콤그룹은 적색농민조합과 반제투쟁의 요소를 구분해서 조직을 편제했다. 적농부는 정기적인 농민강좌회를 통해 당원을 획득하여 적색농민조합을 조직하고, 반제부는 소부르주아층을 중심으로 마르크스주의를 주입해 반제동맹을 조직하고자 했다. 그리고 이들은 당원획득을 위해 적극적인 활동으로 독서회를 조직하고, 독서회를 통해 적농과 반제운동에 적합한 당원을 획득한다는 방침을 정했다. 이 당시 독서회는 대체로 두 가지 기능, 즉 농조건설의 초기단계에서 동지를 규합하고 또 동지들 사이의 사상·노선 통일을 매개하는 공간, 그리고 조직 확대 과정에서는 중견 간부들을 교양·훈련하는 공간으로서의 기능을 지니고 있었다.

안동콤그룹은 이와 같은 방침 위에서 조공재건을 위해 노동자·농민·청년들을 대상으로 각종 강좌와 야학을 실시하여 민족의식을 심어주고, 사회주의 사상도 전파하였다. 또 소작료 인하, 지세 및 공과금의 지주부담 등을 요구조건으로 대중운동을 일으키려고 하였다. 더욱이 노동운동은 1931년부터 실시된 사방공사와 토목공사를 활용하였으며, 농민운동은 일제가 조직한 합법적인 농조직을 활용하였다. 이들 생산현장을 바탕으로 안동콤그룹은 메이데이 기념 대규모

조직명		결성일자	주요인물 및 참여자	활동지역	조직부서
안동콤그룹		1931. 3	안상윤 이필 권중택	안동전역	책임비서: 안상윤 교양부위원: 이필 조직부위원: 권중택
세포조직	적색 노동조합	1931. 4. 10	권중택 권예윤	안동읍	양화직공조합 인쇄직공조합
	안동여자부	1931. 4. 10	권중택 이필 전금옥 박금숙	안동읍	
	임하그룹	1931. 7월 중순	김공망 김후식 권오범 류동철 김덕규 김시태 김홍로	임하면 천전동	적농부 반제동맹
	예안노농 행동대 (녹전·예안)	1931. 7. 28	이점백 이발호 류기만 김태상 김인근 류기일	안동읍 예안면	총책임: 이점백 직훈련부, 선전부 연락부, 교양부
	풍산그룹		김무규 김위철	풍산읍 오미동	적농부 반제부

안동콤그룹과 세포조직

봉기를 계획하기도 했다.

임하그룹처럼 안동에는 예안노농행동대라는 조직도 만들어졌다. 또 안동콤그룹은 안동에서만 존재한 것이 아니라 영주에도 그 세포조직을 두었다. 1931년 조직된 영주적색재건투쟁위원회가 바로 안동콤그룹 아래에 속한 세포조직이었다.

안동콤그룹은 1933년 조직이 드러나는 바람에 모두 잡혀 들어갔다. 그해 메이데이 기념투쟁을 준비하다가 이것을 빌미로 삼은 일제 총독부 경찰이 조직의 존재를 알게 된 탓이었다. 이로 말미암아 안동콤그룹과 그 산하 세포조직원 143명이 붙잡히고, 이 가운데 18명이 예심에 회부되는 바람에 조직은 무너지고 말았다. 이때 김공망은 1935년에 징역 1년 6월형을, 김후식은 1934년에 징역 1년 6월에 집행유예 4년형을 선고받았다.

6) 최후의 독립운동, 안동농림학교의 조선회복연구단

1940년대의 학교는 군사병영이었다. 이 무렵 항일학생운동은 일제가 패전하리라는 정세를 알아채고, 민족독립의 결정적인 때라고 파악하여 무력항쟁을 펼쳤다. 일제는 태평양전쟁을 일으키며 이에 필요한 인적·물적 자원을 확보하고

_ 김영종

자 공출·징용·징병 등 수탈을 극대화시켜 나갔다. 이를 위해 1943년 3월에는 '조선교육령'을 고쳐 군사교육과 노무동원을 도입하고, 수업연한을 줄여 학생들을 전쟁에 동원할 수 있도록 만들었다. 같은 해 10월에는 '육군특별지원병임시채용규칙'을 공포하여 학생들을 징병하였으며, 1944년에는 군사교육과 근로동원태세를 강화했다. 학교는 더 이상 교육기관이 아니라 일제의 침략전쟁을 수행하는 군인을 양성하는 기관으로 바뀌었다.

일제의 침략전쟁에 강제 동원되어 헛되이 죽기보다는 민족을 위해 싸우다 죽자는 분위기가 학생들 사이에 퍼져 나갔다. 또 국외 방송의 청취를 통해 일제의 패망을 예상한 학생들이 무력투쟁을 계획하고, 이를 준비하는 비밀결사조직을 전국 곳곳에서 결성하였다. 안동농림학교의 학생들이 조선회복연구단朝鮮回復研究團을 조직하여 무력투쟁을 시도한 것이 그러한 시대적 흐름을 보여주는 사례에 속한다.

일제는 안동농림학교 학생들에게 학도병에 지원하라고 강요하고 나섰다. 1943년 2월에는 9회 재학생을 대구 80연대로 끌고 가 신체 및 적성검사를 받게 하였다. 이를 통과한 학생들은 단기교육을 마치고 이른바 '가미카제 도코타이' 신풍특공대神風特攻隊가 되는 것이었다. 같은 해 7월에는 학생들이 풀베기와 관솔(비행기의 연료가 되는 송탄유의 원료) 채취에 동원되었다. 이 과정에서 학생들이 소년항공병·소년전차병으로 끌려가 죽기보다는 차라리 민족을 위해 싸우다 죽자고 말하기 시작했다. 일부 학생들은 대한민국 임시정부가 국내로 보내는 단파방송을 듣고 방향을 논의하였다. 그 열매가 조선회복연구단의 조직이었다. 조선회복연구단이 세운 계획은 안동농림학교의 무기고에 있는 총을 빼앗아 안동경찰서와 안동헌병파견대를 기습 공격하여 점령하고 일본인들을 제압한 뒤, 철도와 통신망을 부수고 의성으로 진격한다는 것이었다.

거사 일정이 잡혔으나 연기되다가, 1945년 2월 초 일제 경찰이 이 계획을 감지하는 바람에 관련자들이 붙들리기 시작했다. 석 달 동안이나 검거 열풍이 몰아쳐 단원 대부분이 붙잡혔고, 손승한은 고문을 받다가 사망했으며, 나머지는 갇혀 고생하다가 광복된 이튿날 풀려났다.

내앞마을 사람으로는 341번지 출신인 김영종金永鍾이 여기에 참가하였다. 안동농림학교 임과林科 3학년에 재학하던 그는 1945년 3월에 붙들려 고문을 당하고 고초를 겪다가 광복된 다음날 풀려났다. 그는 내앞마을 사람으로는 독립운동의 마지막 장에 참여한 인물이 되었다.

---

32) 김형근(1910년생, 고교교장 역임, 2005년 증언 청취).

12

독립운동의 성지 되살리기

　내앞마을 사람들이 나라를 살리고 되찾는 데 앞장 선 역사는 오롯이 한국 독립운동의 역사와 같다. 이 마을 사람들이 펼친 독립운동이 한국 독립운동 역사 전체 흐름과 같고, 또 거의 빠짐없이 이어졌기 때문이다. 어느 곳의 독립운동이든지 내용을 보면 대개 한 두 번 일어나는 데 머물렀다. 의병에 참가한 인물이 있고, 3·1독립선언에 나선 정도가 대부분이다. 하지만 이 마을 사람들이 참여한 독립운동은 한국 독립운동사의 모든 영역에 모두 포함될 정도다. 그러니 이 마을 독립운동만 살펴보면 한국 독립운동사 전체를 이해할 수도 있을 만큼 그 내용이 다양하다.

　우선 맨 앞에 나섰던 것이 의병항쟁이다. 마을 전체를 뒤덮은 주요 인물의 죽음과 장례로 말미암아 의병에 참가한 인물은 적었던 편이다. 그러나 이 마을에서 부담한 것으로 보

_ 독립운동가의 집터

이는 재정적인 몫은 컸다. 의병항쟁에서 조금 미진해 보이던 이 마을의 기여도는 다음 단계인 계몽운동에서 혁명적으로 튀어 올랐다. 협동학교 설립과 신식교육 도입은 퇴계문화권이라거나 안동문화권으로 말해지는 거대한 문화권에 변혁을 가져왔고, 혁신유림의 등장이라는 혁명적인 역사 반전을 가져왔다.

이어서 나라를 빼앗긴 뒤 이 마을 사람들은 만주 망명으로 나서서 역사적 과제를 해결하는 길에 앞장섰고, 독립운동 기지를 건설하는 데 힘을 쏟았다. 경학사에서 공리회·부민단·한족회로 이어지는 한인자치조직과 민정부 구성에서, 신흥강습소와 백서농장을 거쳐 서로군정서로 이어지는 군정부 조직에서 내앞마을 사람들은 빛나는 공을 세웠다. 이러한 주춧돌을 놓는 사이에 최고 원로인 김대락이 숨졌고, 김동만이 일본군의 공격을 받아 참살을 당하는 아픔을 겪었다. 그 고통을 이겨내면서 서간도 지역 독립운동계의 큰 별로 떠오른 김동삼은 〈대한독립선언서〉 서명자로 선정되어 최고 지도자의 반열에 오르고, 대한민국 임시정부 수립에 참여한 뒤, 1923년에는 국민대표회의 의장이 되어 한국 독립운동계 최고 인물로 평가받았다. 통의부와 정의부 대표를 맡아 1920년대 만주 지역 독립운동에서 최고의 인물로 평가받는 역사를 만들어낸 것이다. 거기에 김형식이나 김규식의 활약도 강렬하게 인식을 가져다 줄만한 것이었다. 남만주 지역의 독립운동만이 아니라 취원창을 비롯한 북만주 지역 독립군 지원기지 개척에서도 이 마을 사람들의 기여도는 대단히 높았다. 그러는 사이에 이 마을에서 망명한 독립운동가들의 가족들은 처참한 삶을 이어갔지만, 독립운동을 지원하는 본연의 자세를 결코 잃지 않았다. 그래서 이들의 활동을 '삼원포에서 취원창까지'로 줄여 평가한 연구자도 있다. 여기에 이 마을 출신으로 알려져 있는 동북항일연군 제1사장을 지낸 한호(김영로)의 활약은 1930년대 중후반을 장식한 마지막 투쟁이었다.

만주 망명길에 나서지 않고 남은 사람들도 독립운동을 이어 나갔다. 주력이 빠져나간 뒤 그 에너지는 고갈된 상태였지만, 그렇다고 남은 사람들이 제 몫을 다하지 않고 지내지는 않았던 것이다. 먼저 1910년대 후반 광복회에 참가하거나, 3·1독립선언 당시에는 종손 김병식이 파리장서에 서명했고, 김대락의 막내 여동생 김락은 예안 만세운동에 참가했다가 수비대에 끌려가 두 눈을 잃어 실명하는 속에서도 결코 굽히지 않는 장엄한 역사를 만들어 냈다. 1920~30년대에 들어서는 대한민국 임시정부를 지원하거나, 임하청년회와 신간회 안동지회, 안동 코뮤니스트 그룹, 흠치교의 민족종교 활동 등이 이어졌고, 광복 직전에는 안동농림학교의 조선회복연구단 참가에 이르기까지 독립운동사의 전체 영역에서 이 마을 사람들의 활동이 이어졌다.

이러므로 한 마을 사람들이 펼친 독립운동이 한국 독립운동 전체 역사와 같다고 말한들 무엇이 잘못된 것일까? 이 마을 사람들이 항일투쟁에 앞장서지 않고 일제 통치 아래 그냥 눈감고 지냈다면, 오늘의 내앞마을이 이토록 찬바람만 지나는 상태가 되었을까? 600년 역사를 자랑하는 전통마을

이 한 순간에 기가 꺾여버린 이유가 오로지 나라와 겨레를 위해 나선 탓이었던 것이다. 안동독립운동기념관을 이 마을에 세운 이유가 거기에 있다.

  2007년 이곳에 안동독립운동기념관을 세운 데는 두 가지 뜻이 담겨 있다. 하나는 이 마을이 바로 안동문화권 전체에 혁명의 바람을 몰고 왔던 협동학교 터라는 사실이고, 다른 하나는 만주로 망명길에 오른 인물이 150명이나 되는 구국의 현장이라는 점이다. 혁신의 물꼬를 튼 마을이자, 나라 위해 모든 것을 바치는 바람에 망해버린 마을이라는 것이 그 이유다. 간혹 아직 이 마을에 고택이 남아 있고, 또 살고 있는 사람이 있으니 망했다느니 스러졌다느니 하는 표현이 옳으냐고 다른 의견을 내놓는 마을 주민도 있겠지만, 이것은 역사의 내막을 모르는 이야기다. 어찌 보면 온 나라에 이름을 떨칠 마을이자 세계문화유산이 될 정도로 뛰어난 역사 문화를 가진 마을인데, 찾는 사람 별로 없는 오늘의 모습은 '독립운동으로 스러진 겨레의 성지'라는 표현으로도 만족할 수 없을 만큼 역사성이 깊다고 생각한다.

참고문헌

이강훈, 《무장독립운동사》, 서문당, 1975.

류인식, 《동산문고東山文稿》, 동산선생기념사업회, 1977.

이해동, 《만주생활 77년》, 명지출판사, 1990.

이준형, 《동구유고東邱遺稿》, 석주이상룡기념사업회, 1996.

김중생, 《북만주반일운동근거지 취원창》, 명지출판사, 2001.

안동독립운동기념관 편, 《국역 석주유고》 상·하, 경인문화사, 2008.

김희곤, 《만주벌 호랑이 김동삼》, 지식산업사, 2009.

허은, 《아직도 내 귀엔 서간도 바람소리가》, 민족문제연구소, 2010.

조동걸, 〈전통 유가의 근대적 변용과 독립운동 사례: 안동 천전문중川前門中의 경우〉, 《안동역사의 유교성향》 우사 조동걸 저술전집 12, 역사공간, 2010.

김희곤, 《안동사람들이 만주에서 펼친 항일투쟁》, 지식산업사, 2011.

안동독립운동기념관 편, 《국역 백하일기》, 경인문화사, 2011

찾아보기

ㄱ

강남호 58, 113
강보형 95
강일순 205
경북공산당 사건 211
경신참변 118, 119, 122, 175, 176, 180, 183, 187
경학사 75~80, 85, 86, 88~90, 107, 141, 221
〈경학사취지서〉 75, 77
계명학교 42
고려공산당 134
고려공산청년회 144
고본계 138
고활신 128, 148

공리회 86, 88~91, 107, 108, 221
〈공리회취지서〉 86, 88
공립회 51
곽문 95, 125
곽종석 200
관전동로한교민단 129
광복회 198, 223
광업사 78
광정단 137
광주학생항일투쟁 210
광한단 127
교남교육회 48
교남교육회 안동지회 39
구국단 203

국민교육회 17
국민대표회의 131, 132, 134~136, 144, 183, 222
국민위원회 135
국제농민동맹 156
군사통일회의 123, 124, 136
군정위원회 153
권기일 91, 109, 119
권면문 41
권세연 18, 19
권예윤 215
권오범 213, 215
권유문 80, 88
권준 95
권중봉 95
권중택 212, 215
권태석 209
근우회 208
길동성위원회 166
길림교육회 132, 134
길림주민회 137
길흥학교 148
김경달 96

김경묵 120, 121, 176, 187, 189
김경천 112
김공망 209, 211, 213, 215, 216
김교헌 104
김구 71
김구락 63
김국형 23
김귀생 189
김규식 15, 63, 75, 85, 101, 104, 105, 112, 130, 165, 184, 200, 222
김극일 12
김기수 41, 44
김노숙 174
김달병 70
김대락 15, 23, 24, 33~37, 39, 46, 47, 50, 51, 54, 56~58, 60~64, 73, 74, 76, 79, 80, 82, 83, 85, 86, 89, 90, 113, 163, 167, 184, 186, 187, 190,

202, 222, 223
김대식 63
김덕규 213, 215
김덕로 63
김덕생 189
김덕축 182
김도식 70
김도화 19, 20, 32
김동만 15, 62, 63, 90, 109, 112, 117, 119~122, 176, 181, 187, 191~193, 195, 222
김동삼 14, 15, 28, 30~32, 34, 41, 44, 46, 48, 54, 56, 62~64, 72, 73, 76, 85, 89, 90, 92, 94~98, 104~106, 108, 109, 112, 113, 115, 119~121, 123~128, 130, 132, 134~137, 139, 141~155, 157~161, 163, 167, 176, 178, 179, 181, 182, 187, 189, 191, 193~196, 222
김동식 95
김동진 95, 96
김두봉 185
김두종 183
김두형 63
김락 15, 51, 201, 202, 223
김만근 12
김만수 113
김만식 15, 34, 47, 51, 54, 64, 112, 164
김면식 63
김명식 64
김명일 12
김무규 215
김문로 64, 180, 184~189
김문생 189
김문식 70
김병달 70
김병대 63
김병륜 70
김병만 70
김병문 15, 207
김병식 15, 23, 27, 28, 30,

32, 41, 200, 201, 223
김병원 63
김병칠 63, 70
김병희 205
김복생 189
김복한 200
김부필 31
김사순 95
김상덕 152, 153, 157
김상호 209
김서락 19, 20
김서종 183, 187
김석 98
김석로 63
김성대 205
김성락 70
김성로金成魯 15, 63, 85, 94, 115, 165
김성로金聲魯 15, 63, 70, 85, 95, 108, 109, 112
김성생 189
김성일 12, 20
김성휼 70

김성희 186, 189
김세로 186, 189, 205
김세진 134
김소락 34, 64, 163, 183, 186
김소하 153
김송희 189
김수길 167
김수일 12, 13
김술로 15, 207
김시걸 188
김시곤 186, 189
김시린 205
김시병 63
김시양 184
김시연 189
김시정 186, 189
김시진 185, 186
김시태金時兌 15, 207, 215
김시태金時泰(시연) 181, 186~188
김시항 186, 189
김시흥 57

김약연 104
김양모 201
김연환 116
김영경 189
김영식金寧植 70, 180, 187, 189
김영식金英植 70
김영애 195
김영윤 95
김영종 15, 218
김예범 12
김용 14
김용묵 62, 63, 121, 176, 181, 182, 187, 189
김용환 32
김우락 64, 70, 190
김우식 70
김원로 180, 186, 189
김원생 189
김원식 113, 130, 142, 144, 145, 148, 149, 152~154, 157
김원익 205

김위철 215
김윤로 180, 186, 189
김응로 63, 205
김응섭 105, 106, 109, 113, 132, 144, 147~149, 153, 157, 201
김익로 70
김인근 215
김인로 180, 186, 189
김일성 166, 167
김일화 96
김자순 95
김장생 189
김장식 15, 63, 112, 176, 181, 187, 189
김재로 70, 180, 189
김점한 70
김정락金呈洛 63, 64
김정락金貞洛 23
김정로 64, 85, 95, 183, 184, 188
김정묵 62, 121, 163, 176, 178, 181, 187~189

김정석 205
김정숙 70, 189
김정식金廷植 205, 209
김정식金政植 15, 64, 75, 112, 163, 180, 182, 183, 186, 187, 189
김정제 95
김정호 200
김제식 64
김조락 63, 70
김조식 64, 180, 186, 189
김종덕 70
김종식 70, 180, 187, 189
김종연 19, 20
김좌진 104, 115, 117, 153~155
김주로 15, 207
김주병 19~21, 23
김준모 209
김준생 189
김중생 189
김중한 115
김직로 184, 188

김진 12, 13
김진린 23, 34, 202
김진식 63
김진호 63
김진화 95, 96
김진황 44
김창로 64, 85, 112
김창숙金昌淑 70, 180, 189
김창숙金昌淑 124, 200
김창환 98, 128
김창희 189
김천로 180, 186, 188, 189
김철로 186, 189
김철훈 41
김태규 115
김태대 70, 189
김태상 215
김하정 41
김한걸 167
김한호 156, 167, 168, 170~174, 223
김현대 70
김형락 23

김형로 70
김형식 34, 35, 39, 41, 47, 56, 61, 64, 73, 75, 76, 83, 85, 90, 109, 112, 132, 135~137, 140, 141, 180~189, 222
김형재 51
김형팔 63, 70
김홍로 215
김홍식 64, 186
김화식 63, 70
김환 95
김효락 51, 54, 64
김후로 70, 180, 189
김후병 15, 28, 30, 32, 47, 198, 203
김후식 15, 209, 211, 213, 215, 216
김흥락 20
김희산 153
김희팔 207

ㄴ

남만청년총동맹 144, 155
남만통일회 127
남북만주한족총연합회동맹 154
남북연석회의 185
남자현 161, 163, 164, 189
남형우 48
노동친목회 138
농민호조사 145~147

ㄷ

대독립당촉성회 148
대동공사 146
〈대동단결선언〉 103, 105
《대동역사》 185
대동청년단 46, 48
대한광복군총영 129
대한정의군영 129
대한독립군단 138
대한독립단 127, 129
〈대한독립선언서〉 101~103, 222
대한독립의군부 103

대한민국 임시의정원 125
대한민국 임시정부 31, 110, 111, 116, 124, 125, 130, 134, 147, 203, 218, 222, 223
대한통군부 127, 129
대한통의부 126, 129, 130, 134, 137, 179, 222
대한통의부 의용군 129
대한협회 40, 47
대한협회 안동지회 35, 37, 40, 46~48, 54
동북반일연합군 166
동북인민혁명군 165~167, 170, 171
동북항일연군 156, 160, 165~168, 170, 174, 222
동북항일연군교도려 166
동아여관 165
동원학교 182
동익상점 182
동제사 105

ㄹ

류근 29
류기만 215
류기일 215
류도발 51
류동창 63
류동철 213, 215
류동태 54
류만희 174
류세진 149
류시언 132, 134
류연덕 149
류연박 201
류인석 71
류인식 27~30, 32, 40, 44, 47, 76, 86, 201, 209
류준근 200
류치명 201
류필영 19, 32, 201
류해동 134

ㅁ

만민공동회 47

만주공농의용군 168
〈만주기사〉 79, 89
만주부 157
민족유일당재만책진회 160
민족유일독립당재만책진회 154

ㅂ

박건병 149
박경종 182
박금숙 215
박명진 95
박상훈 96
박순부 62, 176, 181, 191, 195, 196
박용만 104, 125, 126
박은식 104, 124
박의연 180
박의열 95, 182
박종한 170
박준서 44
박태훈 44
반석유격대 168

반일회 172
배영진 109
백서농장 89, 92~94, 96, 97, 109, 110, 112, 222
백서농장사 93
백운정 204
《백하일기》 75
변창근 128
보천교 205
봉오동전투 115, 117, 118
부민단 90, 91, 97, 107, 108, 141, 180, 221
부민회 91, 97
북경군사통일회의 123, 125
북로군정서 113, 115
북만주임시성위원회 166

ㅅ

삼광중학교 120
서로군정서 97, 106, 107, 109, 110~117, 124~127, 129, 130, 132, 134, 137, 141, 175, 179, 222

서상일 48
서상철 18
《선고유고》 35, 184
선민부 154
성준용 98, 113
성준용 98
손돌선 70
손승한 218
송기식 47
송천도회 19, 23
시사연구회 97
신간회 148, 208~210, 212
신간회 안동지회 208, 209, 211, 223
신규식 104
신돌석 35
신민부 140, 147, 149, 153
신민회 40, 41, 46, 48, 52, 54, 55, 71, 77
신숙 155
신용관 96
신일희 70
신채호 29, 104

신태휴 30
신팔균 112
신한청년당 105
신흥강습소 75, 79, 80, 92, 222
신흥무관학교 79, 85, 93~95, 115, 117, 119
신흥숙 79
신흥중학교 79, 85
신흥학교 79, 80, 82, 83, 85, 88, 91~93, 95, 98
신흥학우단 92, 98
심용준 153

ㅇ

안동농림학교 217, 218, 223
안동원 109
〈안동의소파록〉 19
안동청년연맹 209
안동청년회 204
안동 코뮤니스트 그룹(안동콤그룹) 211~216, 223
안상덕 41, 44

안상목 96
안상윤 212, 213, 215
안중근 51
안창호 104, 114, 115, 131, 134, 146~148
안희제 48
양계초 29
양규열 95, 109, 112
양기탁 136
양정우 170, 171
ML파 144, 150, 155
여운형 105
여준 103, 104, 112, 125, 137
영주적색재건투쟁위원회 216
예안노농행동대 216
오동진 147, 148
오석영 127
왕삼덕 89
원병상 93
원세훈 148
유일당운동 148, 149, 208
유진태 200

6·10만세운동 208
윤기섭 109, 125
윤세복 183
윤중수 200
윤필한 183
윤해 134
《음빙실문집》 29
의성단 137
이강호 121
이관직 41, 44, 52
이광국 156
이광민 95, 113, 128, 130, 145, 148, 182
이규동 95, 149, 152
이근호 96
이남규 24
이덕숙 149
이도증 190
이동녕 52, 77, 104
이동휘 104
이만규 201
이만도 24, 33, 50, 51, 56, 200~202

이목호 95
이문형 79
이발호 215
이범윤 104
이병화 149, 156, 190, 196
이봉희 75, 113, 182, 190
이상룡(상희) 33~35, 37, 40,
　　47, 55, 56, 58, 60, 61,
　　64, 74, 76~79, 85, 89,
　　91, 104, 109, 112~115,
　　117, 123~127, 136, 137,
　　145, 149, 163, 182, 184,
　　185, 190, 196, 202
이상조 185
이상훈 126
이수철 95, 96
이승만 104, 123~126, 131
이승화 113
이시영 104, 106
이영형 156
이용호 18
이운형 113
이웅해 128

이원귀 64
이원식 48
이원일 56, 62, 73, 121, 160,
　　161, 163, 176, 178, 179
이원행 96
이장녕 115, 155
이점백 215
이종건 152
이종옥 96
이종화 44
이준형 47, 54, 73, 75, 113,
　　149, 196
이중언 50, 51
이중업 24, 200~202
이진산 109, 125, 126
이청천 112, 113, 115, 117,
　　149, 152, 153, 155, 166
이탁 98, 108, 112, 125, 126,
　　137
이태형 35, 184, 186
이필 212, 215
이학복 166
이해동 72, 73, 96, 120, 178,

181, 188, 191, 192, 194, 196
이현섭 51
이형국 95, 109
이홍광 170, 171, 173
이회영 52, 76, 106
《일록》 19
임병영 205
임하그룹 213, 215, 216
임하박 205
임하청년동맹지부 213
임하청년회 204, 205, 209, 223

ㅈ
자유시참변 122, 126
장유순 77
장작림 118
장작상 158
장지연 29
재만농민동맹 156, 157
재만한인반제국주의동맹 157, 158

전금옥 215
전덕원 127, 128
전만독립운동단체통일회의 148
전만통일주비회 137
전만통일회 183
전만통일회의 137
전만통일회의주비회 137
전민족유일당조직촉성회 151~153
전민족유일당조직협의회 151, 152
전성호 154
정선백 95
정원택 102
정의부 138~144, 146~148, 150~153, 178, 183, 222
정인호 203
정현모 209
조선공산당 144, 207, 210~212
조선공산당 재건설준비위원회 157

조선교육회 203
조선독립동맹 185
조선민립대학기성회 203
조선의용군 185
조선혁명군 165, 166
조선혁명당 165
조선회복연구단 217, 218, 223
조성환 104
조소앙 103, 104
조창용 63
주진수 52, 55
중국공산당 157, 166~168
중국공산당 남만주성위원회 166
중국공산당 만주성위원회 165
중국노농홍군 168
중·일합동수색대 118
증산교 205
《지산외유일지》 102

ㅊ
차경석 205, 206

차용육 96
차은표 35
참의부 140, 147, 153
채상덕 128
채찬 95
《청구일기》 51
청산리전투(대첩) 85, 97, 115, 118, 120, 165
최명수 109
최성천 44

ㅋ
카륜자치회 138

ㅌ
태봉전투 19, 24
태평양회의 131

ㅍ
파리강화회의 100, 200, 201
〈파리장서〉 200, 201, 223
평안북도 독판부 129

ㅎ

하중환 28, 32
학우회 138
한교동향회 154
한국독립군 155, 165, 166
한국독립당 155, 160, 165
한족노동당 144~148, 155, 156
한족총연합회 154
한족회 97, 98, 107~112, 127, 132, 141, 179, 180, 222
허겸(허혁) 90, 104
허식 95, 98
허위 90
허혁 90, 104
허형식 166
혁명자후원회 185
혁신의회 153~155
현익철 148~150
현정경 148~150
협동학교 25, 27, 29~34, 37, 39~47, 54, 56, 62, 201, 203, 221, 224
〈협동학교설립취지문〉 39
호계서원 30, 32
《호종일기》 14
홍진 149, 155
화전회의 136
황덕영 95
황만영 55
황병우 95
황병일 60, 95
황병탕 95
황재호 58
황학수 126, 153, 155
흠치교 205~207, 223